Robert Misik
POLITIK DER PARANOIA

Robert Misik

POLITIK

DER PARANOIA

Gegen
die neuen Konservativen

ISBN 978-3-351-02678-3

Aufbau ist eine Marke der
Aufbau Verlag GmbH & Co. KG

1. Auflage 2009
© Aufbau Verlag GmbH & Co. KG, Berlin 2009
Einbandgestaltung hißmann, heilmann, Hamburg
Druck und Binden CPI – Clausen & Bosse, Leck
Printed in Germany

www.aufbau-verlag.de

INHALT

Dem Starken freie Bahn – bis er gegen die Wand fährt

Warum die neukonservative Ideologie ins Museum der großen Irrlehren gehört.

> Welche Ungerechtigkeit immer geschehen mag, die Männer und Frauen der Rechten werden sagen, dass sie unvermeidlich ist.
> Die Männer und Frauen der auf der Linken werden sagen, dass sie nicht tolerierbar ist.
>
> *Francoise Sagan*

Am 15. September 2008 erlebte die letzte Großideologie des 20. Jahrhunderts ihr Waterloo. An diesem Tag meldete das New Yorker Investmenthaus Lehman Brothers Insolvenz an – und die Regierung von US-Präsident George W. Bush ließ die Bank tatsächlich zusammenkrachen. Damit eskalierte die globale Finanzkrise und löste eine Abwärtsspirale aus, wie es sie seit dem Crash des Jahres 1929 nicht mehr gegeben hatte. Schockwellen verbreiteten sich über die internationalen Finanznetzwerke binnen weniger Sekunden. Die Börsen brachen ein. Als am folgenden Tag auch noch der Versicherungsriese American International Group (AIG) zu kollabieren drohte, griff die US-Regierung ein. Die US-Notenbank rettete die Firma mit einer Finanzspritze von 85 Milliarden Dollar und übernahm dafür 79,9 Prozent der Anteile. Damit war der Auftakt zu einer beispiellosen Rettungsaktion gesetzt: Weil die Kernschmelze des globalen Finanzsystems drohte, wurden von Washington bis

London, Paris bis Berlin, Tokyo bis Brüssel Hilfspakete geschnürt. In Großbritannien stieg der Staat gewissermaßen als »Aktionär« in die Banken ein, die Notenbanken pumpten hunderte Milliarden frisches Geld in den Markt. Die deutsche Regierung legte einen 480-Milliarden-Euro-Rettungsfonds auf. Auch Österreich hat ein 100-Milliarden-Euro-Hilfspaket geschnürt.

Der Kapitalismus überlebte – weil der Staat ihn gerettet hat. Eine hübsche Pointe, nachdem man uns dreißig Jahre lang mit der Irrlehre »Mehr Privat, weniger Staat« bombardiert hatte. Nimmt man die Summen, die im Spiel waren, als Referenzwert, war es wohl die größte Staatsinterventions- und Verstaatlichungswelle seit Lenins Oktoberrevolution – meist in heller Panik von jenen durchgeführt, die bis zum Vortag noch die Gralshüter der neoliberalen Marktideologie waren. Wohlgemerkt: Dies wurde notwendig, damit das System überhaupt noch funktioniert. Damit überhaupt noch irgendjemand irgendwem etwas leiht. Damit es weiter so etwas wie einen Kreditmarkt gibt, sodass Firmen überhaupt noch Geld bekommen können, wenn sie investieren wollen. 2.000.000.000.000 $, also 2000 Milliarden Dollar, das galt – vorsichtig geschätzt – als der zusätzliche Kapitalbedarf amerikanischer und europäischer Banken, damit das Finanzsystem wieder liquide und die bisher sehr dünne Kapitaldecke der Institute etwas stabiler wird. Übrigens: 8.200.000.000 $ – 8,2 Milliarden Dollar – so viel haben die Banker von Lehman Brothers in den zwei Jahren vor dem Kollaps allein an Bonus-Zahlungen kassiert. Wahrscheinlich für ihre genialen Geldanlageideen, die die Bank in den Bankrott gestürzt haben.

Mit dem Crash des globalen Finanzsystems brachen nicht nur ein paar Banken zusammen, es verloren nicht bloß sehr viele Leute sehr viel Geld, und die Liquiditätsengpässe der Investitionsmärkte brachten nicht allein die globale Ökonomie in die Gefahrenzone einer langandauernden Depression. Es brach auch ein Weltbild zusammen und ein mächtiges Leitmodell. Gewiss, ein marktwirtschaftliches System braucht Banken und institutionelle Investoren. Aber in den vergangenen Jahrzehnten wurde der raffinierte Investor, der wendige Zocker, regelrecht zur Kultfigur. Der Broker, der coole Banker, war die paradigmatische Leitgestalt eines halben Zeitalters. Die Banker haben ja nicht nur kräftig verdient, sie hatten auch eine Rolle, ihnen wurde gesellschaftliche Bedeutung zugeschrieben, wie der Soziologie Sighard Neckel formuliert: »Sie waren die ›masters of the universe‹.« Noch mehr als Geld häuften sie Status und symbolische Macht an. Risikogeist wurde mit Individualität verbunden – man galt als etwas Besonderes, wenn man mit hohen Summen zockte. Die Entwicklung immer obskurerer Finanzinstrumente – sogenannter Derivate – galt als Ausweis von Genialität. Gerissenheit wurde zur Tugend erklärt, und der Gerissene war, wenn er zu Reichtum gelangte, nicht nur reich, er galt, »Leistungsträger« genannt, sogar als moralische Autorität. Die Leitkultur: Wer kein Geld hat, ist nichts, wer Geld hat, das aber zum Eckzinssatz aufs Sparbuch legt, gilt als hoffnungslos uncool. Wer Eigeninitiative und Selbstverantwortung zeigen will, muss sich Aktien kaufen. Wenn jeder an sich denkt, geht es uns allen besser. »Der Stärkere, der sich in der freien Wildbahn der Konkurrenzgesellschaft durchsetzt, darf sich diesen Erfolg als persönliches Verdienst anrechnen« und »mental den Rest der Gesellschaft unter sich lassen«, formulierte Jürgen Habermas, der Doyen der deutschen Sozialphilosophie.

Eine amoralische Ideologie, die aber ihre eigene Moral hat: Selbstverantwortung galt als moralischer Wert. Erst in der Krise zeigte sich, dass die lautesten Propagandisten dieser Moral nahezu die einzige Bevölkerungsgruppe im zeitgenössischen Kapitalismus bilden, die keine »Selbstverantwortung« übernehmen muss. Die größten Gewinner, die Bankmanager und Fondsjongleure, die sich jährliche Bonuszahlungen in der Höhe von hundert Millionen Euro und mehr genehmigen – sie sind die einzigen, die überhaupt kein Risiko tragen. Sie zokken mit dem Geld ihrer Einleger, und wenn sie es im großen Stil verzockt haben – dann lassen sie sich vom Staat retten. »Unternehmerisches Risiko« muss heute jeder tragen, der seine Ersparnisse in einem Rentenfonds anlegt, jeder Ladenbetreiber und Firmeninhaber ohnehin. Wer eine Zahnstocherfabrik, ein Schuhgeschäft, eine Supermarktkette betreibt oder Teile für die Automobilindustrie produziert, der verdient meist schönes Geld, aber er kann auch pleitegehen, wenn das Geschäft nicht so rund läuft. Und wer in einer solchen Firma arbeitet, der trägt im Schadensfall das größte Risiko – er landet, mit wenig mehr als kümmerlichem Arbeitslosengeld, auf der Straße. Nur die Finanzjongleure, die tragen kein

»unternehmerisches Risiko« – wenn sie ihre Institute in den Ruin getrieben haben, werden sie schlimmstenfalls entlassen, womit die vertraglich vereinbarten üppigen Pensionsregelungen fällig werden wie bei den Dödelbankern eines deutschen Investmenthauses, das gebündelte faule US-Immobilienkredite kaufte und dann Vorstandsmitglieder mit 40 000 Euro Monatseinkommen in den Ruhestand schickte. Einen »ironischen Kommentar« zum Begriff »Risikogesellschaft« hat das der slowenische Philosoph Slavoj Žižek genannt.

Der Neoliberalismus hat sich selbst widerlegt. Das Schwadronieren von der unternehmerischen Kreativität, die ein Kapitalismus entfessle, der immer höheren Renditen nachjagt, das dürfte für die nächsten paar Jahre verstummen. Darauf könnte man sein Glas erheben, hätte die Sache nicht auch ihre unschönen Seiten. Es sind ja die normalen, einfachen Leute, die ihre Häuser verlieren, deren Anlagen in den privaten Rentenkassen nichts mehr wert sind und deren Jobs flöten gehen, weil die Firmen keine Kredite mehr für Investitionen bekommen oder weil niemand mehr Geld hat, deren Produkte zu konsumieren. Der Turbokapitalismus fährt gegen die Wand – aber die Zeche zahlen die kleinen Leute. Wir erleben das Ende einer Epoche. Interesting times. Ob deshalb schon eine Neukonstruktion des ökonomischen Systems entsteht, das langfristige Prosperität, Stabilität und eine gerechte Verteilung des Wohlstandes schaffen kann – das ist deswegen natürlich noch keineswegs ausgemacht.

Wie der 15. September 2008, der Tag, an dem Lehman Brothers zusammenbrach, so markierte auch der darauf folgende 4. November ein Ende und einen Neubeginn. Es war knapp 23 Uhr Ortszeit in Chicago, da trat Barack Obama vor 250 000 Anhängern ans Rednerpult im Grant Park und sprach die mittlerweile legendären Sätze: »Change is coming to America«. Im Publikum stand der schwarze Bürgerrechtler Jesse Jackson, ein wortgewaltiger, oft zorniger Mann. An diesem Abend liefen ihm Tränen über das Gesicht. Es war eine Wahl, die Geschichte schrieb. Die Wahlbeteiligung erreichte den höchsten Stand seit 1908. Erstmals seit 44 Jahren erhielt ein demokratischer Kandidat mehr als 51 Prozent der Stimmen. 65 Millionen Amerikaner votierten für Obama – noch nie hat ein US-Präsidentschaftskandidat mehr Stimmen erhalten. 68 Prozent der Jungwähler stimmten für den schwarzen Kandidaten. Eine ungeheure Aufbruchstimmung hat das möglich gemacht. Allein am Tag vor der Wahl klopften Obamas freiwillige Helfer an eine Million (!) Türen in Ohio. »Diese Nacht in einer der ältesten Demokratien der Welt sah aus wie eine in einer brandneuen Demokratie, mit Bürgern, die aus ihren Häusern strömen und auf den Straßen tanzen, eine Velvet Revolution – eine sanfte Revolution«, schrieb das Magazin *Time*.

Obamas Wahl war allein schon deshalb ein historisches Ereignis, weil erstmals ein Schwarzer zum US-Präsidenten gewählt wurde – dabei ist es gerade erst fünfzig Jahre her, dass Schwarze im Bus aufstehen mussten, wenn Weiße einen Sitzplatz einforderten, dass sie nicht auf denselben Parkbänken ausruhen, nicht in denselben Vierteln wohnen und nicht dieselben Schulen besuchen durften wie Weiße. Aber Obamas Wahl war auch die Abwahl einer Ära – der Ära von George W. Bush. Der aggressive Neokonservativismus, der sich seit den sechziger Jahren immer lauter Gehör verschaffte, der mit der Präsidentschaft Ronald Reagans erstmals an die Schaltstellen der Macht gelangte, der Amerika in erbitterte Kulturkämpfe verstrickte und mit der Bush-Präsidentschaft seinen bizarren Höhepunkt erreichte, musste eine schwere Niederlage einstecken. Ein linksliberaler Präsident wurde gewählt, der republikanische Kandidat John McCain wurde mit sechs Prozent Differenz deutlich deklassiert – unter anderem auch deshalb, weil er mit Sarah Palin eine dumm-dreiste, giftige rechte Konservative als Vize-Präsidentschafskandidatin auf sein Ticket genommen hat, die sich zur Fürsprecherin des »echten Amerika« und seiner »alten Werte« aufgeschwungen hatte. Sie wurde damit zum Liebkind der reaktionären konservativen Basis, aber die Mehrheit der Wähler war von ihr abgeschreckt.

Barack Obama dagegen hat sich im Wahlkampf für Umverteilung ausgesprochen, ein 150-Millionen-Dollar-Infrastrukturprogramm und eine allgemeine, für jeden bezahlbare Krankenversicherung angekündigt. Er wurde dafür von seinem Konkurrenten als »Sozialist« und »Umverteiler« angegriffen, Vokabeln, die in der politischen Kultur Amerikas beinahe Schimpfwörter darstellen. »Amerika hat ihn dennoch gewählt«, kommentierte der Wirtschaftsnobelpreisträger Paul Krugman und fügte hinzu: »Das ist ein echtes Mandat.« Ein echtes Mandat, die strukturierende Architektur des amerikanischen –

und damit des globalen – Kapitalismus zu verändern, die schreienden Ungleichheiten zu bekämpfen, die in den vergangenen dreißig Jahren wegen der ideologischen Dominanz der neokonservativen Ideologie Amerika entstellt haben. Angesichts der globalen Finanzkrise und einer drohenden tiefen Rezession brauche es einen neuen »New Deal«, schreibt Krugman – wie schon in den dreißiger Jahren, als der letzte wirklich große US-Präsident, Franklin Delano Roosevelt, das Land mit einer völlig neuen Wirtschaftspolitik, mit dem Aufbau des (unvollendet gebliebenen) US-Wohlfahrtsstaates und massiven staatlichen Investitionen aus der Krise holte. Krugman: »Kann Barack Obama wirklich eine neue Ära progressiver Politik begründen? Yes, he can.«

Die beiden Daten – 9/15 und 11/4 – markieren einen historischen Wendepunkt. Eine neue Ära kann beginnen. Aber wiegen wir uns nicht in Sicherheit. Die konservativen Grundüberzeugungen haben schließlich eine lang andauernde Phase der ideologischen Dominanz hinter sich. Sie werden nicht über Nacht aus den Köpfen verschwinden. Schon wird behauptet, nicht der Turbokapitalismus habe die Welt an den Rand des Abgrunds gebracht, sondern der Staat. Nicht zu wenig Marktregulierung wäre das Problem, sondern zu viel Staatsintervention. Die amerikanische Regierung – also der Staat – habe seinen Anteil daran, dass die Immobilienblase derart anschwellen konnte. Zudem seien es der Eigennutz und die Gewinnsucht der Menschen, die zur Schaffung immer neuer Reichtümer beitrügen. »Wer die Gier verurteilt, verurteilt den Kapitalismus«, schrieb die Berliner *Welt* mitten in

14

den schwersten wirtschaftlichen Turbulenzen seit Ende des Zweiten Weltkriegs. Denn der Wunsch der Leute, mehr zu haben, habe uns den Wohlstand beschert. Gäbe es keine Gier, würden wir noch im Wald sitzen und Eicheln essen. Schließlich sei der Kapitalismus jenes System, das nachgerade »private Laster« – wie etwa Vorteilssucht und Egoismus – in »öffentliche Vorteile« verwandelt. Pointe des bizarren Traktats: »Daran ändert auch die überall gegenwärtige Finanzkrise nichts: Gier ist geil.«

Barack Obama ist ein talentierter Politiker mit lupenreinen progressiven Überzeugungen, der linksliberale Haltungen auch noch in einer Sprache zu formulieren gelernt hat, die die große Mehrheit der Bürger versteht. Aber er allein wird die Welt nicht ändern. Auch er muss sich auf enge Mitarbeiter stützen, die vom Geist der marktradikalen Epoche infiziert und geprägt sind. Auch er kann scheitern, er kann den konservativen Zeitströmungen, die ihren Geist längst nicht ausgehaucht haben, erliegen – so wie das schon bei Bill Clinton der Fall war, bei Tony Blair, bei der rot-grünen Regierung in Deutschland. Sie alle haben bei ihrem Amtsantritt große Hoffnungen geweckt – die meisten sind enttäuscht worden. Sicherlich, sie hatten das Problem, dass sie auf dem Höhepunkt der neokonservativen Dominanz in ihre Ämter gewählt wurden und dass sie wie Blätter im Wind eines mächtigen Zeitgeistes wirkten. Dieser Wind hat sich gelegt. Aber damit eine neue Ära daraus wird, muss sich der Wind richtiggehend drehen.

Es ist einer der Gemeinplätze in der politischen Debatte, dass es zwischen »Rechts« und »Links« immer weniger Unterschiede gäbe. Dass die Zeit der großen ideologischen Blöcke vorbei sei. Dass alle immer mehr in die
Mitte rücken. Bei genauerer Betrachtung kommen aber
Zweifel auf. Ist das wirklich so? Tatsächlich kann man al-
lenfalls mit einigem Recht sagen, dass die »Linke« stetig
in die Mitte rückt. Die sozialdemokratischen Parteien in
Kontinentaleuropa sind ebenso wie die britische Labour-
Party und die amerikanischen Demokraten spürbar von
klassischen linken Positionen abgerückt. Zwar wird das
Vakuum in manchen Ländern Europas von neu entstan-
denen Parteien wie etwa »Die Linke« in Deutschland gefüllt oder durch neue soziale Bewegungen und Zivil-
gesellschafts-Gruppen wie »Attac«, aber das bestätigt
eher dieses Bild: Die Kräfte »am Rand« des politischen
Spektrums vertreten heute oft die Meinungen, die früher
noch vom Mainstream der sozialdemokratischen Parteien und der Gewerkschaftsbewegung vertreten wurden. Die Sozialdemokraten wandeln aus einer Reihe von
Gründen auf dem Mittelweg, unter anderem aus folgendem: Angesichts der Auflösung der »politischen
Lager« und der engen Bindung zwischen den Wählern
und der Partei »ihres Lagers« glauben sie, durch Mäßi-
gung bis zur politischen Unkenntlichkeit und zu ostentativer pragmatischer »Vernünftigkeit« könnten sie ihre
Chancen erhöhen. Dass die These von der Auflösung der
»Rechts«-»Links«-Differenz nicht exakt stimmt, sieht
man allerdings, wenn man einen Blick auf die andere
Seite des politischen Spektrums wirft: Die Rechte bewegt

sich nämlich schon seit Jahren keineswegs in Richtung politischer Mitte, sie bewegt sich ziemlich scharf nach rechts. Seit Jahren trommeln neurechte und neoliberale Politiker und Agitatoren »Steuern runter!«, »Sozialstaat verschlanken«, »Den Tüchtigen freie Bahn«. Eine stetig anschwellende konservative Publizistik kämpfte für die »Rückkehr« zu den alten Werten. Daran wird sich so schnell nichts ändern. Dies heißt übrigens nicht, dass die Bürger durchweg nach rechts rücken. Das ist von Land zu Land verschieden, unterliegt auch Schwankungen. In den USA etwa bezeichnen sich 60 Prozent der Bürger als »konservativ«, was nicht zuletzt der Tatsache geschuldet ist, dass ein kämpferischer Konservativismus es geschafft hat, die nichtkonservativen Haltungen als irgendwie »unamerikanisch« zu punzieren. Dennoch ist es Barack Obama gelungen, in diesem Klima zum Präsidenten gewählt zu werden. In Deutschland dagegen werden die Menschen immer linker. Im Jahr 1981 sagten nur 17 Prozent der Deutschen, sie wären »links«, 1993 ordneten sich bereits 24 Prozent der Bürger auf diesem Platz des Meinungsspektrums ein, 2007 bekundeten 34 Prozent der Bundesbürger, sie seien »Linke«. 46 Prozent der Befragten meinten übrigens, die Gewerkschaften sollten einen größeren Einfluss haben, nur 43 Prozent plädierten für einen kleineren. In nahezu allen westlichen Industriestaaten sind die Menschen zunehmend der Meinung, dass es nicht mehr gerecht zugehe.

Aber die politischen Akteure auf Seiten der Linken sind oft verzagt und geben sich als Praktiker, während die Konservativen seit Jahr und Tag ein mächtiges Weltbild propagieren. Das bleibt natürlich nicht ohne Auswirkungen. Damit aus dem atmosphärischen »Change«, das in der Luft liegt, tatsächlich eine neue Ära wird, müssen die konservativen Grundüberzeugungen, vor denen auch viele sozialdemokratische und linksliberale Politiker immer wieder in die Knie gehen, endlich wirkungsvoll bekämpft werden. Und es muss auf jedem Politikfeld deutlich werden, dass die progressiven Konzepte und Ideen die besseren, realitätstauglicheren, gerechteren und menschenfreundlicheren Konzepte sind. Es ist schlicht und einfach die Absicht dieses Buches, dazu einen Beitrag zu leisten.

Ich spreche im Folgenden in aller Regel vom »neuen Konservativismus«, bin mir freilich einer doppelten Problematik dieses Begriffs durchaus bewusst: Die Positionen der zeitgenössischen Konservativen sind, dies zum ersten, keineswegs alle »neu«. Viele der konservativen Standpunkte sind sogar uralt. Aber die heutigen Konservativen passen, wie ich an einigen Beispielen darlegen werde, die alten Positionen an neue Umstände und Gegebenheiten an. Der neue Konservativismus ist ein Konservativismus auf Basis der zeitgenössischen Gesellschaft, die sich in vielerlei Hinsicht deutlich von den Umständen unterscheidet, die der klassische Konservativismus vorgefunden hat. Das hat eine Reihe von signifikanten Auswirkungen auf den Argumentationsmodus der neuen Konservativen: So fordern sie nicht die Verteidigung des »Bestehenden«, sondern beklagen einen allgemeinen Verfall, sie geben sich gelegentlich volkstümlich und kämpfen gegen die »liberalen Eliten«, die seit dem gegenkulturellen Aufbruch der sechziger Jahre entstanden sind. Zum zweiten sind die »neuen Konservativen« natürlich keine homogene ideologische Kraft. Nicht jeder, der die ökonomischen Rezepte des Neoliberalismus verkündet, ist deswegen schon dafür, dass man den jungen Leuten von heute mehr Manieren eintrichtern muss. Nicht jeder, der dafür plädiert, den Sozialstaat abzuräumen, meint auch, dass »der Westen« unbedingt die Moslems »hinter das Mittelmeer« zurückwerfen muss. Nicht jeder, der die »Dekadenz« der Moderne beklagt, meint auch, dass die Steuern zu hoch sind. Aber sehr, sehr viele Politiker, Denker und Publizisten des konservativen Spektrums vertreten eine Reihe oder sogar all diese Meinungen gleichzeitig. Und deshalb ist es doch gerechtfertigt, hierin ein weltanschauliches Knäuel auszumachen, ein Milieu, das erstaunlich einheitlich Haltungen vertritt, die eigentlich erstaunlich wenig miteinander zu tun haben. Dieses Knäuel nenne ich die »neuen Konservativen«, ihre Meinungen den »Neokonservativismus«.

Ich beschränke mich im Folgenden weder darauf, diesen neuen Konservativismus »wertneutral« darzustellen – etwas derart Obskures wie die Phantasie-Ideologie des Neokonservativismus kann man ohne einen ordentlichen Schuss Sarkasmus einfach nicht beschreiben –, noch einfach auf Kritik. Nicht dass es nicht auch ein Wert an sich wäre, diesen Neokonservativismus einer schonungslosen Kritik zu unterziehen. Immerhin sind die neukonservativen Trommler von herzzerreißender Schlichtheit und grotesker Widersprüchlichkeit: Sie sind für die Familie – außer wenn es sich um türkische Familienclans handelt. Sie sind für die »Freiheit« – überbieten sich aber in Moralvorschriften. Sie sind für »mehr Privat, weniger Staat« – und beklagen, dass im Kommerzfernsehen nur TV-Müll läuft. Sie sind gegen Kindergärten – und verstehen nicht, warum die Frauen heutzutage immer weniger Kinder bekommen. Sie geben sich werteorientiert – und lassen gerne menschenfeindliche Sprüche los.

Aber niemand soll mir nachsagen, ich sei bloß ein Nörgler, der nur kritisieren kann. Ich werde deshalb auch deutlich machen, dass die progressiven Antworten auf die drängendsten Zeitfragen auch die einzigen Antworten sind, die die westlichen Gesellschaften voranbringen. Oder, um es mit den Worten Paul Krugmans zu sagen: »Ein ernsthaftes progressives Programm ist nicht nur wirtschaftlich möglich, es ist auch exakt das, was die Wirtschaft braucht.« Und nicht nur die Wirtschaft. Sicherlich, wir wissen alle, dass es ganz schön schwierig ist, in komplexen Gesellschaften für mehr Gerechtigkeit und wachsenden Wohlstand und gleichzeitig für mehr globale Fairness und für Nachhaltigkeit zu sorgen. Was die simplen Lösungen betrifft, da ist die schwarze Utopie des Neoliberalismus gut. Ein moderner Linker dagegen denkt etwa so: Es ist schlecht, dass es eine krasse Ungleichheit an Lebenschancen gibt, und es ist noch schlechter, dass diese Ungleichheit gerade in einer Zeit dramatisch zunimmt, in der der Reichtum rasant wächst. Manche dieser Ungleichheiten sind leichter zu bekämpfen, manche schwerer. Es ist ein Skandal, dass meist nicht einmal versucht wird, die Maßnahmen zu setzen, die leichter zu setzen sind. Kurzum: Man kann die Welt verbessern, ohne dass man an die Verwirklichung des Paradieses auf Erden glauben muss.

Man muss schon sehr verbohrt sein, um in diesem Sinne kein Progressiver zu sein. Oder man muss in seiner eigenen Phantasiewelt leben. In der irren Welt der neuen Konservativen.

Aber eines haben die neuen Konservativen auch gezeigt: Man benötigt vielleicht keine »Utopie« im Sinne einer schön ausgemalten Idealgesellschaft, um erfolgreich zu sein, aber man braucht ein kohärentes Weltbild, und man muss ein Bild von dem Gemeinwesen haben, das man schaffen will. Und man muss in der Lage sein, andere für dieses Bild einzunehmen – wenn nicht zu begeistern. Gerade das ist Barack Obama glänzend gelungen. Manche Kritiker haben einige pathetische Passagen, die in seinen Reden immer wieder auftauchten, als substanzloses Wischi-Waschi abgetan – jene Passagen, in denen er ein amerikanisches »Wir« gegen den Ego-Existenzialismus der Marktradikalen beschwört. So sagte er in seiner berühmten Rede bei der Convention der Demokraten 2004 in Boston: »Neben unserem berühmten Individualismus gibt es noch einen weiteren Bestandteil der amerikanischen Geschichte – den Glauben, dass wir als ein Volk miteinander verbunden sind. Wenn ein Kind in der Southside von Chicago lebt, das nicht lesen kann, dann betrifft mich das, auch wenn es nicht mein Kind ist. Wenn es einen Rentner gibt, der seine Medizin nicht bezahlen kann und der sich entscheiden muss, ob er seine

Miete zahlt oder sich Medikamente kauft, dann macht das mein Leben ärmer, auch wenn es nicht mein Großvater ist.« Obama malte ein Bild: das Bild einer Gesellschaft, in der nicht der Grundsatz »Dem Stärkeren freie Bahn« dominiert. Obamas Reden haben einen utopischen Überschuss – sie entwerfen eine »bessere Gesellschaft«. Und dieser utopische Überschuss generierte jenes »Momentum«, das Obama zum Präsidenten machte. »Es gibt also nicht nur einen idealistischen, sondern auch einen machtstrategischen Idealismus. Die Wiedergewinnung der Macht und die Wiedergewinnung der Utopie sind zwei Seiten derselben Medaille«, analysierte der Münchener Soziologe Ulrich Beck.

Worte sind nicht »bloß« Worte. Worte können die Welt verändern. Sie können uns ermutigen, aber auch verzagen. Sie können das Beste in den Menschen hervorholen, aber auch niedrigste Instinkte schüren. Die neokonservativen Ideologen wissen das seit langem, und sie haben vierzig Jahre harte Arbeit investiert, um die Dominanz im Meinungsstreit zu erlangen. Es ist an der Zeit – und wir haben auch die historische Chance –, dass diese Ideologie ihre letzte Ruhe dort findet, wo sie längst schon hingehört: ins Museum der Irrlehren, mit einem Ehrenplatz in einer eigenen Kammer, die dieser krausen, grotesk unlogischen politischen Philosophie reserviert ist, einer Philosophie, die sich stets auf das Schönste widersprach, die aber dennoch ohne Unterlass durch Leitartikel und Parlamentsreden purzelte und die die Welt lange, viel zu lange geprägt hat – zu deren Nachteil.

1. Untergang des Abendlandes

Warum die neuen Konservativen die kapitalistische Konsumkultur lieben, den hedonistischen Konsumenten aber verabscheuen.

Alles ist fürchterlich. »Sozialdemokratie und Feminismus haben die klassische Familie endgültig entheiligt und dagegen ist kein Rollback möglich«[1], klagt Norbert Bolz, Medienphilosoph an der Freien Universität Berlin. Sexuelle Freizügigkeit, antiautoritäre Erziehung, arbeitende Frauen, Homosexuelle in Hollywood, die Achtundsechziger, der Wohlfahrtsstaat, die Pille, all das habe der guten alten Familie den Garaus gemacht, so der Denker, der in den achtziger Jahren noch ein großer Zampano in den linken Zellen der FU war – und irgendwann steil nach rechts außen abgedriftet ist. Die klassische Rollenverteilung mache aus Frauen maskulinisierte Emanzen, so Bolz, und aus dem einstmals starken Geschlecht den »feminisierten Mann«[2]. Abtrainiert würde den Burschen die Männlichkeit schon im Kindesalter, und zwar von einem Schulsystem, in dem, horribile dictu, die Lehrerinnen das Sagen haben und das deshalb »weibliches Verhalten belohnt«[3]. Eine große Tragödie ist das natürlich für Männer *und* Frauen, weil »Rollenambiguität« unglücklich macht. Bolz: »Es kann nicht überraschen, dass in kulturrevolutionären Kreisen Schwangerschaft zunehmend als Behinderung behandelt wird.«[4] Und: »Es gibt keine tiefer angelegte Analyse zu unserem Thema als die von Oswald

Spengler in seinem Hauptwerk über den Untergang des Abendlandes.«

Dabei gab's zu Spenglers Zeiten noch nicht einmal Pille und Fernsehen.

Aber Bolz ist nur ein Virtuose in einem vielstimmigen Lamento. Nirgendwo mehr Familiensinn, nirgendwo mehr Leistungswille, nirgendwo mehr Manieren, nirgendwo werden mehr die Tugenden des freien Unternehmertums geachtet, schallt es aus einer kaum noch übersehbaren konservativen Publizistik. Keine Talkshow, in der nicht der »Werteverlust« beklagt wird, keine Wortmeldung zur Integrationspolitik, wo es nicht um die »Leitkultur« ginge und darum, dass wir »unsere« Werte gegen »sie« verteidigen müssten – »sie«, das sind die anderen, die anders sind als »wir«. In schrillen Tönen wird zur Verteidigung einer abstrakten westlichen »Freiheitskultur« aufgerufen, nicht ohne dass die konkreten Erscheinungen dieser »Freiheit« gegeißelt werden – der Hedonismus oder das Prinzip »Anything goes«, die Idee also, dass jeder tun könne, wozu er lustig ist, sofern er niemandem damit Schaden zufügt, oder die Toleranz gegenüber anderen Lebensstilen und Kulturen.

»An die Verächtlichmachung des christlichen Bekenntnisses, an die Verhöhnung des Papstes, an die Beschimpfung der Familie und die Beschmutzung nationaler Symbole haben wir uns bestens gewöhnt und all das für ›Fortschritt‹ gehalten«, schreibt Udo di Fabio in seinem neukonservativen Manifest »Die Kultur der Freiheit«.[5] Immer seltener dagegen werden in unserer hedonistischen Freizeitgesellschaft Menschen, die wissen, was sich gehört, grämt sich di Fabio, im bürgerlichen Beruf Richter am deutschen Verfassungsgericht. Di Fabio sieht sich um in unserer Gesellschaft, und was sieht er da? Nichts als »Menschen, die bei der Wahl ihrer Kleidung, in der Art, wie sie speisen oder wie sie reden, inzwischen wieder dem Niveau vorkultureller Zeit zuzustreben scheinen«[6]. Das Abstreifen »bürgerlicher Gesittung« sei als Befreiungstat gefeiert worden, schüttelt es di Fabio, und angesichts des Konsenses, dass jedem Lebensstil Respekt entgegenzubringen sei, dürfe man Menschen, die schlürfen und rülpsen, in der U-Bahn Bier trinken, ein ausschweifendes Sexualleben pflegen, Messer und Gabel falsch halten oder sich morgens nicht kämmen, nicht einmal mehr Missachtung entgegenbringen. Stattdessen überall die »Political Correctness«, die die schönsten Dinge im Leben zerstört: »Der prickelnde Unterschied von Frauen und Männern wird geleugnet und unter Diskriminierungsverdacht gestellt.«[7]

Es mäandert weiter in diesem Ton. »Kultur der Freiheit« heißt die Fibel nicht etwa deshalb, weil di Fabio das verteidigen würde, was man gemeinhin unter Freiheit versteht, sondern weil der Verfassungsrichter ein Plädoyer für die »individuelle Freiheit zur nützlichen sozialen Bindung« hält. Freiheit heißt für di Fabio, dass jeder die Freiheit haben soll, so zu leben, wie sich das Udo di Fabio wünscht. Eine »Mutinjektion« für »konservative Politik« sei das, feierte die »Politische Akademie« der konservativen österreichischen Volkspartei das Pamphlet, die *Frankfurter Allgemeine Zeitung* nannte es schlicht »ein großes Buch«, und in der *Welt* war gar von einem »konstruktiven Konservativismus« die Rede, der »ohne die Ressentiments der klassischen Kulturkritik« auskommt.

Man fragt sich, ob die Laudatoren nicht irrtümlich ein anderes Buch gelesen haben müssen.

Werte stehen wieder hoch im Kurs. Der amtierende Papst Benedikt XVI. hat sein Pontifikat buchstäblich dem Kampf gegen »die Diktatur des Relativismus« gewidmet – dem sogenannten »Werterelativismus«. Für den smarten Universitätsprofessor Paul Nolte rührt das Gros der gegenwärtigen gesellschaftlichen Probleme daher, dass der »Neuen Unterschicht« keine Werte mehr vermittelt werden, weil die nur mehr Trash konsumiert – schließlich hängt die dauernd vor der Glotze, schaut Müllfernsehen und ernährt sich von Tiefkühlkost. Eva Hermann propagiert die Mutterkreuz-Mütterlichkeit, und Fernsehprediger Peter Hahne gibt den Sinnstifter für alle, die nur Soundbytes verdauen können. Kurzum: Ein neuer Konservativismus macht sich breit.

Der fällt in das Klagelied ein, das Konservative seit jeher anstimmen, und ist auf seltsame Weise schrill, schneidig, ja paranoid. Er muss den Werteverfall in den grellsten Farben schildern. Welche Probleme es in unserer Gesellschaft auch immer geben möge, die Autoren der neukonservativen Jeremiaden müssen sie stets besonders drastisch ausmalen. Der kleinste Nonkonformismus hat mindestens den Untergang des Abendlandes zur Folge, und Wertepluralismus mündet im Handumdrehen in verderblichen Nihilismus. Wenn etwas den neuen Konservativismus auszeichnet, dann eine überspannte Krisensemantik, diese überhitzten Untergangsphantasien, die paranoide Angstlust vor dem absoluten Bösen, das sich breitmache in unseren modernen Gesellschaften. Der Konservative fühlt sich maximal bedroht.

Dabei widerspricht sich der Konservative so herzerweichend, dass es oft richtiggehend drollig ist. Der totale Werteverfall wird beklagt, oft aber nur ein paar Sätze weiter in Richtung muslimischer Einwanderercommunities herrisch eingefordert, »sie« müssten sich zu »unseren« Werten bekennen. Nur, bitteschön, wie soll das gehen? »Sie« sollen sich zu etwas bekennen, was »wir« verloren haben? Das Emanzipationsbestreben der Frauen wird als Ausweis des Werteverfalls gesehen, aber die Gleichberechtigung der Frau wird als einer jener Werte angepriesen, den Einwanderer aus patriarchaleren Kulturen unbedingt akzeptieren müssen. Mal ist der Feminismus also eine Bedrohung der westlichen Kultur, dann wieder integraler Bestandteil derselben. So schrill, wie der Neukonservativismus die alten Werte beschwört, so grell malt er deren Verfall, was schon ein bisschen unlogisch ist, wie auch denkfähigeren Neokonservativen auffällt. Der amerikanische Autor Tod Lindberg etwa merkte an, dass seine Mitstreiter eine »Remoralisierung« fordern, »obwohl es andererseits recht schwer fällt zu sagen, ob die neokonservative Kritik theoretisch etwas anderes als einen endgültigen Verfall in Betracht ziehen« könnte.[8] Die Liste solcher Kuriositäten ließe sich endlos fortsetzen.

Der neue Konservativismus ist erratisch und ideologisch zugleich. Erratisch, weil er aus einem Sammel-

surium an Meinungen besteht, die sich stets widersprechen, ideologisch, weil er diese Meinungen wie Gewissheiten vor sich her trägt, mit der Schneidigkeit des
Revolutionärs, der eine letztgültige Wahrheit entdeckt
hat. Das ist es, was den neuen Konservativen von den
Konservativen alten Schlages unterscheidet. Der klassische Konservativismus war vergleichsweise aus einem
Guss. Er wurzelte eher im Feudalismus und im Klein-
gewerbetum und stand dem Kapitalismus skeptisch
gegenüber, er war mit den traditionellen Mächten verbunden, hielt zu Kaiser, König, Fürsten und war ein
Gegner der Demokratie. Er favorisierte in allen Lebens-
bereichen eher die Kräfte des Beharrens als die des Wandels, und wenn er die Parole »Freiheit« hörte, dann ver-
setzte er seine Kanoniere in Alarmzustand. Er war elitär
und verachtete die Plebejer ebenso wie die Geschäfte-
macher. Der klassische Konservative misstraute den
Ideologien und betrachtete die großen Ideen von Weltverbesserung und Fortschritt als Gefahr. Er sah im Vertrauten das Gute und wollte es nicht aufs Spiel setzen für
ein phantasiertes Besseres. Seine Vertreter waren Skep-
tiker und der Meinung, man wisse zu vieles nicht, als dass
man für Ideen alles riskieren dürfe. Ohnehin sei der
Mensch ein Wesen aus krummem Holz, und alle Versuche, die menschliche Gesellschaft zu perfektionieren,
seien zum Scheitern verurteilt – ja, schlimmer noch, jeder
solche Versuch müsse nach hinten losgehen. Bewährte
Institutionen, mögen sie auch an allen Ecken knirschen
und knarren, hätten in ihren Augen wenigstens ihre
Funktionstüchtigkeit bewiesen. In ihnen würde eine Art

kollektive Weisheit stecken, waren sie überzeugt, und auch wenn wir die nicht vollständig zu verstehen vermögen, dann liegt das weniger an einem Defekt der Institutionen, sondern mehr an unserer Beschränktheit. Der klassische Konservative war eher auf der Seite der »Realität«, als dass er an dieser, eines Idealbildes wegen, verzweifelt wäre. Er hatte eine Art von prinzipieller Prinzipienlosigkeit, was nicht heißt, dass der Konservative keine Überzeugungen gehabt hätte, aber eine fundamentale konservative Utopie, die gegen die Wirklichkeit gestellt würde, war im hergebrachten Konservativismus schlicht ein Unding. In der klassischen Definition des Soziologen Karl Mannheim könne es eine konservative Theorie im strengen Sinne nicht geben, weil der Konservative sich an das Vorhandene klammere. Konservativismus ist, so gesehen, die Negation aller Ideologie. »Konservative grenzen sich ihrem eigenen Verständnis nach seit jeher von anderen dadurch ab, dass sie keine Gesellschaftstheorien entwerfen oder diese gar in die Praxis umzusetzen versuchen«, schreibt der kanadische Philosoph Ted Honderich in seinem Buch »Das Elend des Konservativismus«, »sie behaupten, Theorien könnten ein so komplexes System, wie die Gesellschaft es ist, nicht angemessen erfassen.«[9] Statt sich von Ideen leiten zu lassen, sollte man sich eher nach der »erworbenen politischen Einsicht der Gesellschaft« richten. Wertvoll sei, was sich »in der Zeit« bewährt habe.[10]

Der traditionelle Konservativismus war also von einem spezifischen Kontext geprägt: In einer vormodernen Gesellschaft stemmte er sich gegen die aufblühende Moderne. Die Gesellschaft war noch rückständig verfasst – traditionell, undemokratisch, elitär –, doch die neuen Ideen forderten sie bereits heraus. Aber nicht nur demokratische Forderungen bedrohten die hergebrachte Gesellschaft, auch soziologische Veränderungen. Die Massengesellschaft, die industrielle Revolution, eine frühe Konsumkultur, der Aufstieg der unteren Schichten – verächtlich Pöbel genannt – zu bescheidenem Wohlstand, die Verbreiterung von Wissen und Bildung; all das zersetzte die hergebrachte Ordnung. Aber der Konservativismus wollte sie, so weit wie möglich, verteidigen. Als dies nicht mehr möglich war, setzte der Konservativismus oft auf Restauration. Er wollte das Rad zurückdrehen. Er wollte die gute alte Zeit wiederhaben. Er wollte sich mit der liberalen bürgerlich-demokratischen Gesellschaft mit ihrem allgemeinen Wahlrecht nicht abfinden, er wollte die Partizipationsansprüche der – einstmals – plebejischen Schichten nicht akzeptieren, aber auch nicht den Wirbelwind des Wandels, für den der Kapitalismus sorgte.

Der neue Konservativismus ist in einigen, aber doch entscheidenden Nuancen anders. Der neue Konservativismus agiert schon auf dem Boden der bürgerlichen Moderne. Schließlich sind wir mittlerweile im ersten Jahrzehnt des 21. Jahrhunderts – da kann man nur mehr schwer nostalgisch vorkapitalistischen Zeiten anhängen. Aber das stellt den neuen Konservativismus vor ein Dilemma. Er tritt einerseits als Anhänger »kapitalistischer« Tugenden auf – etwa des Risikogeistes des Entrepreneurs, der Eigenverantwortung des unternehmerischen

Individuums, des Wettbewerbsgeistes, demzufolge ein jeder seines Glückes Schmied sei und jeder auf sich allein gestellt sehen solle, wo er bleibt. Andererseits wendet er sich angewidert ab von der konsumistischen Zivilisation, die dieser Kapitalismus notgedrungen schafft, der alles zur Ware macht und jeden Spleen und jeden Trend noch in eine Geschäftsmöglichkeit verwandelt. Der neue Konservativismus ist also, kurzum, eine Abwehr gegen den Hedonismus der kapitalistischen Konsumkultur – aber auf Basis dieser kapitalistischen Konsumkultur. Allein das bürgt für eine ganze Reihe abstruser Widersprüchlichkeiten.

Schon vor mehr als zwanzig Jahren schrieb der Frankfurter Soziologe Helmut Dubiel in seinem schmalen Bändchen »Was ist Neokonservativismus?« über dieses erstaunliche Phänomen: Der neue Konservativismus ist »nicht *neu* im Sinne von Einsicht, die zuvor noch niemand hatte. Der Neokonservativismus ist eine Reaktionsbildung.«[11] Dieser neue Konservativismus steht »auf dem Legitimationsboden eben dieser bürgerlichen Gesellschaft«[12]. Dubiel hatte ein Phänomen vor Augen, das seit den sechziger Jahren die politische Diskurslage in den USA – und Großbritannien – signifikant verändert hat, aber in anderen Teilen der Welt, namentlich Kontinentaleuropa, noch weitgehend exotisch war: das des Neokonservativismus. Unter diesem Namen wurde eine amerikanische politisch-intellektuelle Strömung bekannt, die seither zum Bezugspunkt und Vorbild aller Konservativer wurde, die mit Schärfe und einigermaßen argumentativ aufgerüstet gegen den Zeitgeist vorgehen wollen.

Hierzulande sind diese »Neokons« mittlerweile auch dem breiteren Publikum bekannt, weil sie es waren, die George W. Bushs aggressive Außenpolitik orchestrierten und die Propagandatrommel für den Einmarsch in den Irak rührten. Weniger bekannt ist, dass das ursprüngliche Terrain des Neokonservativismus nicht so sehr eine aggressive Außenpolitik war (wenn man vom Antikommunismus des Kalten Krieges absieht), sondern das der Kulturkritik und der Sozialpolitik. Es waren die späten fünfziger und dann die sechziger Jahre, in denen sich diese Strömung formierte. Anders als traditionelle Konservative, die sich eher als »praktische Männer« sahen, vertrauten sie von Beginn an auf die Macht der Ideen. »Ideen haben Folgen, wenn auch auf mysteriösen Wegen«, schrieb Irving Kristol, eine der intellektuellen Gründerfiguren der Neocons. Der Konservativismus der Neocons war von Beginn an weniger skeptisch oder nostalgisch, sondern utopisch und vorwärtsgewandt. Kein Wunder, denn seine Leitfiguren kamen, so paradox das klingen mag, überwiegend aus der radikalen Linken. Kristol und Irving Podhoretz, der zweite Godfather der Neocons, waren in jungen Jahren Aktivisten einer trotzkistischen Splittergruppe, andere, wie der später zu Weltruhm gelangte Soziologe Daniel Bell, waren gemäßigte Progressive. Allesamt waren sie als Linke Antistalinisten, und sie entwickelten sich während der fünfziger Jahre zu strammen Antikommunisten. Gänzlich ins rechte Lager wurden sie aber erst in den sechziger Jahren getrieben. Einerseits durch das sozialreformerische Projekt von Präsident Johnson, das, »Great Society« genannt, aus den USA einen Wohlfahrtsstaat europäischer Prägung machen wollte, vor allem aber wegen des Aufstiegs der Gegenkultur, von Hippies, Künstlerboheme und Aussteigern. In den ungewaschenen Langhaarigen sahen sie nur mehr eine Pervertierung der linken Kultur, von der sie sich angewidert abwandten. Das Präfix »Neo« vor Konservativ sagt schon aus, dass hier ein ganzes Milieu *neu* ins rechte Lager stieß. Aber sie waren nicht nur ehemalige Linke, die sich zu Konservativen wandelten, sondern sie wandelten auch den Konservativismus. Sie legten zwar ihre Überzeugungen ab, nicht aber ihren Habitus. Sie blieben in ihrer Mentalität Radikale.

»Das herausragende Ereignis dieser Epoche war die Studentenrevolte und der Aufstieg der Gegenkultur«, schreibt Kristol in seinem Rückblick auf jene Zeit. Mögen die Neokonservativen zunächst von den ungewaschenen und frechen jungen Leuten ästhetisch angewidert gewesen sein, so entwickelten sie daraus schnell ein umfassenderes Weltbild. Die jungen Rebellen wurden bald als ein Zeitzeichen, als ein Symptom allgemeinen Verfalls gesehen, eines Werteverlustes, dessen Keim in der liberalen bürgerlichen Ordnung schon angelegt ist. Kristol: »Von einer dissidenten Kultur über die Gegenkultur sind wir endgültig bei der nihilistischen Antikultur angekommen.«[13] Schon Anfang der siebziger Jahre waren alle argumentativen Figuren entwickelt, die wir heute bei Leuten wie Bolz oder Udo di Fabio finden – übrigens oft erstaunlich wortgleich. Nun, wenn es schon unter Studenten üblich geworden ist, Doktorarbeiten zu fälschen, können gewiss auch Universitätsprofessoren und Verfassungsrichter in der hohen Kunst des Abschreibens nicht abseitsstehen – aber dies nur nebenbei.

Der drohende Nihilismus, der Relativismus und der Verfall aller Werte, hat die Neocons von Beginn an in Schrecken versetzt. Aber als kluge und gebildete Leute wollten sie nicht einfach nur ressentimentgeladen über die Gegenwart herziehen – sie machten sich durchaus tiefschürfende Gedanken darüber, woher die Probleme kommen. Und als Anhänger des liberalen kapitalistischen Systems der USA sahen sie sich schnell vor folgendem Dilemma: Für den Verlust der Tugend waren ja nicht die Gegner dieses Systems verantwortlich, sondern das System selbst. Es führte zu verbreitetem Wohlstand, es brauchte die Konsumnachfrage, um dynamisch zu bleiben, es löste die althergebrachte konformistische Ordnung auf und lebte von der Gier, dem Verlangen der Menschen nach Mehr, es profitierte von der Nachfrage nach unnützem Zeug, vom Wunsch nach Zerstreuung, den die Entertainmentkultur zugleich weckte und befriedigte. In einem früheren Zeitalter seiner Entwicklung, als der Sparwille und das protestantische asketische Ideal die Kapitalakkumulation vorantrieben, sei der Kapitalismus noch mit Tugenden verbündet gewesen, nunmehr aber sei er selbst mit Lastern verbunden, so ihre Einsicht. Immer wieder wurde ein goldenes Zeitalter beschworen, der frühe Kapitalismus, in dem der umsichtige Unternehmer und Familienvater noch Güter anhäufte und seinen Reichtum vergrößerte, aber wenig ausgab, damit er sein gewachsenes Vermögen seinen Kindern vermachen konnte, die wiederum den Kapitalismus nun auf erweiterter Stufe am Laufen hielten. Diese Gesellschaft habe noch einen gesunden Individualismus gefördert, den Individualismus des Entrepreneurs, der zwar seinem ökonomischen Eigennutz folgte, doch den Nutzen aller vermehrte.

Aber dieser Individualismus ist nur einen Millimeter vom ungesunden Individualismus entfernt – so die Analyse der neuen Konservativen – vom Streben nach »Selbstverwirklichung«, dem haltlosen Egoismus narzisstischer Schwärmer. »Das ist die Frage schlechthin, vor der wir heute stehen, in einer Gesellschaft, die mehr und mehr solcher Selbste ausbrütet, deren private Laster sich nicht mehr in öffentliche Tugenden für eine bürgerliche Ordnung verwandeln«, schreibt Kristol. Die ursprüngliche liberale Ideologie konnte sich einfach nicht vorstellen, »dass der Eigennutz, wenn er nicht von Religion, Moral, den Gesetzen umhegt ist, einfach nur zur Lasterhaftigkeit führt und nicht zu Tugend. Sie hatte einfach nicht daran gedacht, dass ein selbstzerstörerischer Nihilismus eine wirkliche und permanente Gefahr für jede Gesellschaft darstellt.«[14]

Der Neokonservativismus erzählte gewissermaßen eine Geschichte, hat die Form einer »narrativen Struktur«, wie Helmut Dubiel schreibt, er lässt sich »zu einer Art ›Märchen‹ verdichten«. Und das geht so: »Es war einmal ein goldenes Zeitalter bürgerlicher Rationalität, eine durch den Rationalismus geformte Kultur. Dieses goldene Zeitalter wurde durch einen Sündenfall beendet. Die Gegenwart stellt in diesem Märchen ein Reich kultureller und sittlicher Finsternis dar, beherrscht von einer zügellosen Zersetzung, einer schrankenlosen Habgier, dem Jahrmarkt der Eitelkeiten, dem Kult des Trivialen. Die nachbürgerliche Kultur ist ein bloßes Dekadenzphänomen. Ihre Symptome fügen sich zu einem einheitlichen Signum des Verfalls.«[15]

Das Drama, das sich in den Augen der Neokonservativen abspielte, könnte man so formulieren: Der tugendhafte Kapitalismus braucht Individualismus, der von einer traditionellen Moral eingehegt ist. Doch dieser Individualismus zerstört die traditionelle Moral, die er so dringend benötigt. Sehr bald mündet er in dem Postulat, dass jedes Individuum die Freiheit haben muss, »seine eigene Moral zu entwickeln«[16]. Und nichts anderes ist verderblicher Nihilismus. Kurzum: Der Kapitalismus und die liberale Moderne sägen an dem moralischen Ast, auf dem sie sitzen. Die Tugendhaftigkeit des früheren Bürger-Kapitalismus wurde von der Prosperität zerstört, welche sie ermöglichte, und so wurde der Charakter des Bürgers zu dem des Konsumenten verdorben. Der Kapitalismus, fasst Helmut Dubiel diesen Argumentationsstrang zusammen, »verlange zwar weiterhin eine asketische Ethik im Bereich der Produktion, stimuliere aber zugleich eine Ethik des schrankenlosen Hedonismus im Bereich der Konsumtion«[17].

Es ist schon erstaunlich, mit welcher Obsession die neokonservativen Ideologen in ihren Schriften den »Werterelativismus« und den »Nihilismus« für alle Übel der Welt verantwortlich machen. Wobei sie, wohlgemerkt, wenn sie vom Nihilismus sprechen, nicht etwa nur amoralische Individuen vor Augen haben, sondern auch höchst moralische Menschen, die nur der Ansicht sind, dass es in einer demokratischen, pluralistischen, säkularen und posttraditionellen Gesellschaft durchaus schwer ist, eine verbindliche Moral zu formulieren; Menschen also, die nicht etwa dafür eintreten, alle »Werte« mit Füßen zu treten, die aber zu bedenken geben, dass moralische Individuen durchaus unterschiedliche Wertvorstellungen haben können und dass es keine gesellschaftliche Autorität mehr gibt, die eine vorherrschende Moral zu definieren vermag. Menschen, kurzum, die mit dem schwierigen Sachverhalt zurande zu kommen versuchen, dass die Moral heutzutage gewissermaßen im Plural auftritt.

Sehr zur Popularisierung des neokonservativen Postulats vom verderblichen Werterelativismus hat das Buch »Der Niedergang des amerikanischen Geistes« des Philosophieprofessors Allan Bloom beigetragen. Heutige Studenten, beklagte Bloom, seien der festen Überzeugung, die Wahrheit sei relativ. »Die Relativität der Wahrheit ist nicht eine theoretische Erkenntnis, sondern ein sittliches Postulat, die Voraussetzung für eine freie Gesellschaft, jedenfalls so, wie diese Studenten es auffassen.«[18] Diese Irrlehre führe nicht nur dazu, dass es unmöglich wäre, Gut von Böse zu unterscheiden, sie mache die jungen Leute auch seltsam indifferent: Wenn es die Wahrheit nicht gebe, sondern nur je kulturell oder historisch begrenzte Wahrheiten, dann muss man sich für nichts mehr wirklich einsetzen – weil ja das eine gültig sein kann, das andere aber auch. Nichts müsse man dann mehr ernst nehmen. Welche Meinungen jemand vertritt – ist nicht so wichtig. Welches Leben jemand auch immer führt – es ist ja seines. Noch das falscheste Leben geht dann als individueller Lebensstil durch. Heldentum und Feigheit – alles ist gleich viel wert. »Die bei uns übliche Geringschätzung des Heroischen ist einfach eine Verlängerung des pervertierten Verständnisses des demokratischen Prinzips, das Größe leugnet und nichts weiter will, als dass jeder sich in seiner Haut wohl fühlt, ohne unter unbehaglichen Vergleichen leiden zu müssen«[19], klagte Allan Bloom in seinem Buch, das zu einem Bestseller wurde. Geradezu eine neue Sprache entwickele sich, die Sprache »des Werterelativismus, und sie führt zu einem Wandel in unseren Moralvorstellungen und unserem politischen Verständnis, einem Wandel, dessen Bedeutung genauso hoch einzuschätzen ist wie seinerzeit die Phase, in der das Christentum das griechische und römische Heidentum ablöse«[20].

Klar, klar – unter einem veritablen Epochenbruch von der Art der Achsenzeit tun es die schrägen Neokons nicht.

Der große geistige Übervater der Neokonservativen war der Philosoph Leo Strauss, ein deutsch-jüdischer Denker, der nach der nationalsozialistischen Machtübernahme 1933 zuerst nach England auswanderte, 1938 in die USA übersiedelte und zuletzt in Chicago von 1949 bis 1969 eine erstaunlich nachhaltige Lehrtätigkeit entfaltete. Über den Einfluss der Strauss-Schüler haben in den vergangenen Jahren, vor allem angesichts des Zugriffs der Neocons auf die Politik von George W. Bush, viele Verschwörungstheorien kursiert. Das US-Magazin

The New Republic nannte die Straussianer eine »der Top-Ten-Gangs des Millenniums«, der britische *Observer* beförderte Strauss zum »Hohepriester der Ultrakonservativen«. Strauss, ein Verehrer der antiken Philosophie, war nicht nur von der Tugendhaftigkeit der Alten überzeugt, sondern auch von der Überlegenheit ihres Denkens. Er besaß eine Reihe philosophischer Überzeugungen, die auf den ersten Blick reichlich verschwurbelt anmuten – etwa dass die Philosophie so gefährlich sei, dass sie für Aufruhr sorgen könne, deshalb sei sie für das einfache Volk nicht geeignet. Die Alten hätten das gewusst und deshalb gewissermaßen zwischen den Zeilen geschrieben, um ihre Überzeugungen zu verbergen, deshalb müsse man sie in etwa so lesen wie eine Presseerklärung aus dem Pentagon – man müsse lesen, was sie zu vertuschen suchten. Strauss schrieb an den berüchtigten nationalkonservativen Staatsrechtler Carl Schmitt, der ihn in seinen Jugendtagen gefördert hatte: »Weil der Mensch von Natur böse ist, darum braucht er Herrschaft. Herrschaft ist aber nur herzustellen, d. h. Menschen sind nur zu einigen in einer Einheit gegen – gegen andere Menschen. Jeder Zusammenschluss von Menschen ist notwendig ein Abschluss gegen andere Menschen.«

Freilich, Strauss, den manche für einen der größten Denker des 20. Jahrhunderts halten, war ein vielschichtiger Philosoph ohne direkte politische Absichten – einem breiteren Publikum blieb der Mann, der vor allem die antiken Texte mit Akribie lesen wollte, Zeit seines Lebens ein Unbekannter. Erst seine Epigonen schlugen seine Ideen etwas grob mit der Axt zu. Andererseits: Vieles, was bei seinen Schülern etwas plump daherkommt, ist bei Strauss angelegt. Und dies gilt vor allem für seine Kritik an Werterelativismus und Nihilismus. »Die große Bedeutung, die Strauss für Konservative hat, beruht darauf, dass er den tiefsten philosophischen Nachweis dafür erbracht hat, was falsch am Liberalismus ist«, schreibt Robert Locke im Neocon-Kampfblatt *FrontPage*.[21] Der Liberalismus, jedenfalls wie er im 20. Jahrhundert in den hochentwickelten Ländern praktiziert werde, hat »eine intrinsische Tendenz zum Relativismus, der zum Nihilismus führt«.

Liberalismus im weitesten Sinne sieht von den einzelnen Menschen ab: Ob sie tugendhaft seien, welchen Werten sie anhängen etc. Der Liberalismus der klassischen Ökonomie geht ja davon aus, dass Eigennutz – also eigentlich eine Untugend – sich auf wundersame Weise durch die Aktivität der berühmten »unsichtbaren Hand« (Adam Smith) in eine öffentliche Tugend verwandelt. Der politische Liberalismus ist davon überzeugt, dass aufgeklärte Verfahrensregeln, denen sich ein demokratisches Gemeinwesen verschreibt, »funktionieren« können, unabhängig von der Tugendhaftigkeit der Bürger – eine gute Verfassung, so Kant, zeichne sich dadurch aus, dass sie selbst das vernünftige Zusammenleben eines »Volkes von Teufeln« zu strukturieren vermag. Der wissenschaftliche Liberalismus eines Max Weber geht davon aus, dass die Wissenschaft wertfrei sein, also Erkenntnisse unabhängig von der Meinung des Wissenschaftlers produzieren müsse. Dieser Liberalismus führe, meinte Strauss, zu einer wertfreien Sozialwissenschaft und in der

Folge zu technokratischer Sozialpolitik, der es nur mehr um mechanistische Maßnahmen ginge, für die es aber ein Unding sei, die Bürger mit Werturteilen zu belästigen.

Strauss war überzeugt, dieser Liberalismus, wie hehr seine Absichten auch sein mögen, sei schon ein Weg in den Abgrund. Denn er postuliere, dass es eine Vielzahl von Werten gibt, »deren Forderungen einander widersprechen und deren Konflikt durch menschliche Vernunft nicht gelöst werden kann. Die Sozialwissenschaft und die Sozialphilosophie können nicht mehr tun, als diesen Konflikt mit allen seinen Nebenwirkungen klarstellen«, schrieb Strauss. Und fuhr fort: »Ich behaupte, dass Webers These mit Notwendigkeit zum Nihilismus oder zu der Ansicht führt, dass die Vernunft außerstande ist, zwischen dem Bösen, Gemeinen oder Unsinnigen und deren Gegenteil zu entscheiden.« Eine solche Ethik der »Wertfreiheit« müsse, selbst wenn sie von den edelsten Motiven getragen ist, bindende Normen und moralische Imperative verwerfen. Sie sei sogar in sich unlogisch, monierte Strauss. Denn gewiss sei Webers »Nihilismus« von edlerer Art als der gemeine Nihilismus eines Massenmörders, aber auch eine solche Charakterisierung könne man nur vornehmen, solange man ein Wissen darüber besitzt, was »edel« und was »gemein« ist – und ein solches Wissen könne die »Wertfreiheit« gerade nicht bereitstellen[22]. Strauss' Pointe: »Wenn alle Werte relativ sind, dann ist der Kannibalismus eine Geschmacksfrage.«[23]

Ach der Werterelativismus! Davon ist derzeit ja sehr viel die Rede. Der oberste Kämpfer gegen den Werterelativismus ist heute Papst Benedikt XVI. Berühmt wurde die Wendung, die Josef Kardinal Ratzinger in der Eucharistiefeier benutzte, die das Konklave eröffnet hat, welche er dann als Papst verlassen hat. Darin wandte er sich gegen »eine ›Diktatur des Relativismus‹, der nichts als endgültig anerkenne und als letztes Maß nur das eigene Ich und seine Gelüste gelten lässt«. Der Papst ist geradezu besessen vom Kampf gegen den Relativismus. Relativismus, das ist ein schneidiger Vorwurf. Zunächst sagt er ja nicht mehr aus, als dass es keine verbindliche Moral mehr gibt. Aber er hat auch einen Subtext: Verfall der Moral. Untergang der Werte. Anything goes. Jeder tut, was er will. Und was die Menschen tun, das ist dann meist nichts Gutes. Letztendlich insinuiert das Lamento vom Werterelativismus, dass der Verfall der verbindlichen, durch Sitte, Tradition und sanften sozialen Zwang überlieferten konservativen Werte zum Verschwinden jeder Ethik führe. Dass es also entweder die konservativen Werte gäbe oder eben keine mehr. Das ist natürlich ein Taschenspielertrick und keineswegs ausgemacht. Aber dazu später.

Bleiben wir zunächst bei der Werterhetorik der neuen Konservativen, und widmen wir uns dieser einmal im Detail. Unter »Werten«, »Ethik«, »Tugenden« verstehen wir spontan etwas, nunja, Freundliches. Jemand, der von Werten geleitet wird, so stellen wir uns vor, führt beispielsweise alte Frauen über die Straße, hilft einem Gestolperten, wieder auf die Beine zu kommen, sucht nicht nur seinen eigenen Vorteil, sondern kümmert sich auch um das Geschick seiner Nächsten und so weiter. Er begegnet anderen mit Respekt, bzw. ihm ist eine solidarischere oder eine friedfertigere Welt ein Anliegen. Und nun stellen wir uns einen imaginären Konservativen vor: Treffen diese Charakteristika in aller Regel oder zumindest häufig auf konservative Politiker und Ideologen zu? Sind das die Werte, die sie propagieren, für deren Verbreitung sie sich einsetzen?

Nun, um das zurückhaltend zu formulieren: Nicht immer. Nicht oft.

Aber was meinen Konservative dann, wenn sie von Werten sprechen, und wie ist dieses Meinen mit den politischen Auffassungen verbunden, die sie in aller Regel äußern? Betrachten wir, beispielsweise, eine politische Überzeugung, die praktisch von allen neuen Konservativen vertreten wird: Der Sozialstaat knüpft ein viel zu dichtes Netz, sodass die sozialen Sicherungsmaßnahmen nicht nur zu teuer, sondern auch kontraproduktiv sind. Man soll daher den Armen die Stütze kürzen oder ganz streichen. Für alle anderen Menschen, außer für Neokonservative und hartleibige Wirtschaftsliberale, ist das hartherzig – und Hartherzigkeit ist keine Tugend. Aber für Konservative ist es eine Kleinigkeit, solche Hartherzigkeit im Handumdrehen in eine Tugend zu verwandeln. Führen wir das an einem Beispiel aus, das zentral und wirklich exemplarisch ist für das, was die neuen Konservativen unter moralischer Politik verstehen.

Die Geschichte geht so: Konservative sind der Meinung, dass die Familie sehr wichtig ist. Sie ist der beste Platz, um als Kind aufzuwachsen, und sie ist ein wichtiger stabilisierender Faktor einer Gesellschaft. Aber für sie ist die Familie mit Daddy, Mama und Kindern nicht so sehr ein Ort der Fürsorge füreinander, sondern ein ökonomischer Mikroorganismus. Ein guter Vater ist nicht jemand, der mit seinen Kindern spielt oder ihnen sagt, dass er sie liebt, ein guter Vater ist einer, der arbeiten geht, um seine Kinder zu ernähren. »Ein guter Vater hat zwei Eigenschaften. Erstens: Er ist einfach da als loyales Mitglied des Haushalts. Zweites ernährt er seine Familie«, meint Irving Kristol. »Die Tatsache, dass seine Frau möglicherweise auch arbeitet, sei es Teilzeit, sei es Vollzeit, ist irrelevant. Denn sie *darf* arbeiten, aber er *muss* arbeiten, weil Vaterschaft und arbeiten dasselbe sind. Ob er seine Freizeit mit ihnen verbringt oder sie umsorgt, ob er sie liebt, das ist weit weniger wichtig.« Wichtig ist nämlich ausschließlich, dass der Vater arbeitet – »es ist die ›väterlichste‹ Sache der Welt«.[24] Der zeitgenössische Kapitalismus und der Wohlfahrtsstaat haben nun aber folgendes Resultat gezeitigt. Erstens: Frauen wollen arbeiten, weshalb sie schon seltener Kinder bekommen. Aber wenn sie Kinder haben, dann sind sie nicht mehr auf den Vater auf Gedeih und Verderb als Ernährer angewiesen. Sie können sich auch trennen – sei es, weil sie selbst über Einkommen verfügen; sei es, weil sie wissen, dass sie Sozialhilfe, Kindergeld, Wohngeld usw. erhalten, also weder verhungern noch auf der Straße landen werden. Das beeinflusst das Verhalten der Frauen, was die Neokonservativen schon nicht wirklich freut. Aber es beeinflusst auch das Verhalten der Männer, und das ist noch viel entsetzlicher. Denn ebenso wie die Frauenerwerbstätigkeit raubt der Wohlfahrtsstaat den Familien ihre ökonomische Funktion. Und damit gilt auch: »Wohlfahrt nimmt dem Familienoberhaupt seine ökonomische Funktion und macht aus ihm einen ›überflüssigen Mann‹.«[25] Die Wohlfahrts- programme kicken den »Vater aus seiner Rolle als Brot- verdiener«[26], wer keine höhere Schulbildung habe, könne kaum mit dem »Wohlfahrt-Einkommen konkurrieren«[27]. Deshalb würden Wohlfahrtsprogramme nicht dazu bei- tragen, soziale Probleme zu lösen – etwa die ökonomi- sche Lage armer Familien zu verbessern oder alleiner- ziehende Mütter zu unterstützen –, sie produzierten gewissermaßen die sozialen Probleme: Weil diese Pro- gramme existieren, müssen Männer keine Verantwortung mehr übernehmen, können lebenslang Kleinkinder blei- ben, verlassen sie ihre Familien, wann immer sie Lust dazu haben; weil sie existieren, packen Frauen flugs ihre sieben Sachen und ihre Kinder zusammen und lassen den Mann hinter sich, wenn der sie nicht mehr interessiert. »Wohlfahrtsstaatliche Leistungen sind in hohem Maße für die Desorganisation der Familien verantwortlich«[28], lautet das Credo der neuen Konservativen. Der Sozial- staat, so ließe sich ihre Meinung zusammenfassen, »müsse abgeschafft werden, um den moralischen Verfall des Volkes aufzuhalten«[29]. Sozial »unerwünschtes« Ver- halten wird nicht mehr als Folge von Armut gesehen, um- gekehrt erscheint plötzlich die Armut als Folge des sozial unerwünschten Verhaltens. Staatliche Hilfe ist damit nicht Hilfe gegen Armut, sondern eine Art Komplizen- schaft beim sozial unerwünschten Verhalten, das dann auch noch zur Armut führt.

Diese Logik führte dazu, dass die amerikanischen Kon- servativen das Problem der alleinerziehenden schwarzen

Frauen als das zentrale soziale Problem anzusehen begannen, aber als Lösung nicht etwa vorschlugen, die existenzielle Lage der amerikanischen Schwarzen zu heben. Im Gegenteil, für kaum etwas haben sie sich mit so viel Energie und Enthusiasmus eingesetzt wie für die Abschaffung der Sozialhilfe für alleinstehende Mütter. Mittlerweile ist die argumentative Figur auch in unseren Breiten angekommen. »Wohlfahrtsstaatliche Leistungen verringern die Kosten unehelicher Kinder und ermutigen die Frauen, auf einen Haushalt mit dem Vater ihrer Kinder zu verzichten. Und umgekehrt fühlen sich Väter weniger verantwortlich für ihre Kinder«, behauptet der Berliner Universitätsprofessor Norbert Bolz[30], um dann in der milieutypischen Überspanntheit hinzuzufügen: »In Schweden ist der anonyme Steuerzahler schon ganz selbstverständlich an die Stelle des Ehemannes getreten. Und wie stets bei wohlfahrtsstaatlichen Leistungen muss man damit rechnen, dass der Versuch, den Opfern zu helfen, das Verhalten reproduziert, das solche Opfer produziert.«[31]

Übrigens gehört seit jeher zum Standard in der »Rhetorik der Reaktion«, dass die Programme der Sozialfürsorge die Armut verbreiten, »statt sie zu vermindern«; dass jeder Schuss nach hinten losgeht.[32] Wie der US-Soziologe Albert O. Hirschmann belegte, wurde dieses Argumentationsmuster von den neuen Konservativen nur wieder aufgenommen und modernisiert. Armenfürsorge verführe »zur ›Faulheit‹ und ›Sittenverderbnis‹ und erzeuge damit die Armut, statt sie zu lindern«, liest man schon bei englischen Essayisten des frühen 19. Jahrhunderts: »Erdacht, den Elenden zu helfen, wurden die Armengesetze zur Grundursache des Elends ...«[33]

Gerade dieses Exempel zeigt, wie obskur die Argumentation der neuen Konservativen ist. Natürlich können staatliche Maßnahmen unintendierte Folgen zeitigen – dann muss man sie eben korrigieren und Verbesserungen vornehmen. Aber indem sie alles Gewicht auf diese unintendierten Folgen legen, suggerieren die neuen Konservativen, wohlfahrtsstaatliche Leistungen hätten ausschließlich kontraproduktive Wirkungen. Und das ist natürlich bei Weitem nicht der Fall. Hätte man den altkonservativen Warnern vor den »Armengesetzen« Glauben geschenkt, würden die Unterschichten heute immer noch so leben wie die Elenden im England des 19. Jahrhunderts. Tatsächlich waren die sozialreformerischen Anstrengungen, durch Hilfe, Umverteilung und Beteiligung am Reichtum die Lage der Unterklassen zu verbessern, im Ganzen ein grandioser Erfolg.

Wenn es unintendierte Nebenfolgen geben mag, sind die möglicherweise durchaus wünschenswert. Die Behauptung der neuen Konservativen, dass die wohlfahrtsstaatlichen Maßnahmen einen Anteil am Zerfall von Familien haben, ist nicht völlig von der Hand zu weisen, weil weniger Menschen durch materielle Ausweglosigkeit in Familienverbände eingepfercht bleiben, in denen sie eigentlich unglücklich sind. Wenn Frauen heute ihre Männer wirklich leichter verlassen, als das noch vor dreißig, vierzig Jahren der Fall war, was ist daran so schlecht? Was ist, fragt Albert O. Hirschmann, so verdammenswürdig, wenn es einer »mittellosen Frau heute möglich ist, sich aus einer Ehe zu befreien, in der sie körperlich drangsaliert oder auf andere Weise misshandelt wird«[34]? Anders gefragt: Was war so gut an einer Zeit, in der Frauen bei ihren Männern bleiben mussten, auch wenn diese sie mies behandelt haben, sodass sie später ihren Töchtern sagen: »Hätte ich Deine Möglichkeiten gehabt, ich hätte mich von Deinem Vater schon vor dreißig Jahren getrennt.«

Warum spricht es für »Werteorientierung«, wenn man einen solchen Jammer prolongieren will?

Von der erstaunlichen »Entdeckung«, dass die Hilfe für arme Familien nicht etwa zur Verbesserung der sozialen Lage, sondern im Gegenteil zu deren Verschlechterung beiträgt, sind die neuen Konservativen derart elektrisiert, dass sie geradezu außer Rand und Band geraten. Im Überschwang nennen sie die »unverheirateten Mütter und ihre Babys« gelegentlich ein »menschliches Desaster«. Nun, ich bin schon mehreren alleinerziehenden Müttern begegnet und kenne mehrere Kinder, die in einer solchen Konstellation aufwachsen oder aufgewachsen sind; manchmal läuft die Sache runder, manchmal ist sie komplizierter, nicht viel anders übrigens als bei klassischen Vater-Mutter-Kind-Familien, wenn man davon absieht, dass die organisatorische und lebenspraktische Leistung, die alleinerziehenden Müttern abverlangt wird, noch deutlich fordernder ist. Kurzum, ich kam schon auf die unterschiedlichsten Gedanken, wenn ich mit solchen Alleinerzieher-Haushalten konfrontiert war. Aber auf eine Idee bin ich bisher noch nicht verfallen: Dass es sich bei diesen tapferen Frauen, die Job und Kind und Leben ohne viel Hilfe organisieren, und ihren Babys um ein »menschliches Desaster« handeln könnte. Jedenfalls wäre ich nie auf den Gedanken verfallen, dass es irgendeine Hilfe für diese Mütter wäre, wenn ich sie als »menschliches Desaster« beschimpfe.

Wir sehen also: Es wäre ein Missverständnis, anzunehmen, die »Werte«, von denen die Konservativen immerzu sprechen, hätten irgendetwas mit Menschenfreundlichkeit oder mit Achtung vor Mitbürgern in komplizierten Lebenssituationen zu tun. Völlig irreführend wäre zudem die Annahme, es wäre für Konservative »moralisch«, anderen Menschen in sozialer Bedrängnis zu helfen. Das würde nämlich in ihren Augen nur dazu führen, dass sie sich in dieser Bedrängnis bequem einrichteten und andere einen Anreiz bekommen, sich in eine ebensolche Lage zu bringen. Staatliche Unterstützung für die sozial Schwachen ist in dieser Logik nicht moralisch, sie ist sogar unmoralisch. Übrigens ist es keineswegs so, dass die Konservativen der Meinung sind, die Männer, Frauen und Kinder wären in klassischen Familien unbedingt glücklicher. Sie wissen sehr wohl, dass die traditionelle Vater-Mutter-Kinder-Familie durchaus ein recht unerquicklicher Ort zum Leben sein kann und es manchmal besser ist, sich zu trennen und sich weiter mit Respekt und Zuneigung zu begegnen, als endlos eine zerrüttete Beziehung aufrechtzuerhalten. Das wissen sie durchaus. Es ist ihnen jedoch egal, wie Allan Bloom in erfrischender Offenheit bekundete: »Natürlich gibt es viele unglückliche Familien. Aber das ist irrelevant.«[35]

Für die neuen Konservativen sind die »Werte« womöglich noch zentraler als für die traditionellen Konservativen. Letztere standen ja jedem Wandel kritisch gegenüber und hatten ihren Vorbehalt gegen die Moderne – die Skepsis gegenüber dem Wertewandel fügte sich da hinein, mehr nicht. Bei den neuen Konservativen ist das obskurer, man könnte auch sagen: schizophrener. Der neue Konservativismus ist eine Reaktionsbildung auf Basis der Akzeptanz der liberalen Moderne und des freien, marktwirtschaftlichen kapitalistischen Systems. Die Neukonservativen sind glühende Anhänger des liberalen kapitalistischen Systems, wissen aber, dass es eine hedonistische Konsumkultur hervorbringt, oder, um das in ihren Worten zu sagen, den Nihilismus. Und für den liberalen Kapitalismus besteht darin nicht einmal ein Problem: »Er sieht im Nihilismus keinen Feind, sondern nur eine neue glänzende Geschäftsmöglichkeit«, empört sich Irving Kristol.[36] Die globale Turboökonomie, die keinen Stein auf dem anderen lässt, hat für die modernen Gesellschaften zersetzende Wirkung. Gegen die ökonomische Dynamik wollen sich die Neukonservativen als überzeugte Marktwirtschaftler nicht stellen. Im Gegenteil: Sie sind ja gegen alle Regularien, die die freie Marktwirtschaft ein bisschen in geordnete Bahnen lenken würden, etwa in Richtung eines ethischen Wirtschaftens oder eines schonenden Umgangs mit Ressourcen. Also müssen die Werte ran. Mehr denn je ist man versucht zu sagen: Je radikaler die alles revolutionierenden Tendenzen des globalen Turbokapitalismus, umso notwendiger ist es, die Gesellschaften mit verbindlichen Werten zusammenzuhalten. Es geht den Konservativen nämlich, wenn sie von »Werten« reden, keineswegs um diese oder jene Moralvorstellungen, die die einzelnen Menschen aus Überzeugung haben, sondern eher um eine gesellschaftlich verbindliche Moral, eine allgemeine Sittlichkeit. Am besten stellt man sich, um einen Begriff dessen zu erhalten, was die neuen Konservativen unter »Werten« verstehen, weniger positive Überzeugungen vor, sondern eher einen Kodex, an den »man« sich halten muss – also so etwas wie ein Regelwerk oder anders gesagt: eine Sammlung von Verboten. Letztendlich ist den neuen Konservativen sogar bis zu einem gewissen Grad egal, um welche Werte es sich dabei handelt: Hauptsache, sie funktionieren in Hinblick auf die Stabilisierung der Gesellschaft. Und dies schaffen vor allem Wertegemeinschaften, die traditionell von möglichst vielen Menschen geteilt werden. Ihre gesamte Anstrengung zielt auf die Frage ab, wie »die Ausbreitung einer postmaterialistischen, letztlich hedonistischen Alltagsethik eingedämmt und durch neue traditionelle Wertorientierungen ersetzt werden kann« (Helmut Dubiel)[37]. Dabei setzten sie in den USA vor allem auf fundamentalistische und charismatische protestantische Gemeinden, was umso paradoxer ist, als es sich bei vielen neokonservativen Intellektuellen um säkulare, bei einer signifikanten Minderheit auch um jüdische Denker handelte. Aber ihr Streben nach einer neuen religiösen Fundierung der öffentlichen Moral bedeutet ja keineswegs, dass sie selbst diesen religiösen Glaubenssätzen anhängen müssten. Es geht ja nicht um eine konservative, tugendhafte, weise Elite, sondern um das einfache Volk, das nur über ein Set gesellschaftlich anerkannter Normen zur Tugendhaftigkeit gelangen kann. Das einfache Volk kann eine Moral nicht selbst denkend ausprägen, sondern nur, indem es sich an eine traditionelle Moral hält. Erst unlängst hat das Irving Kristol in aller Offenheit gesagt: »Der stetige Niedergang unserer demokratischen Kultur, dieses Absinken zu immer neuen Niederungen der Vulgarität, hat die Neokonservativen mit traditionellen Konservativen verbunden. Das Resultat ist eine durchaus überraschende Allianz von Neokonservativen, zu denen eine große Zahl säkularer Intellektueller zählt, und religiösen Traditionalisten.«[38] Auch in Europa kann man das mittlerweile häufiger beobachten: Dass Menschen der vielbeschworenen »Renaissance der Religionen« applaudieren, obwohl sie selbst keineswegs gläubig sind – weil sie glauben, dass nur die christliche Glaubensgemeinschaft die Gesellschaften zusammenhalten kann.

Dass die Konservativen trotz ihres zynischen Verhältnisses zur Moral und trotz der oft menschenfeindlichen Haltungen, die sie schnurstracks aus ihrer »Moral« ableiten, als die »werteorientierte« Kraft gelten, hat mit einem grandiosen Missverständnis zu tun: damit nämlich, dass »Werte« nahezu automatisch mit konservativen Werten gleichgesetzt werden. Ihre Werte nennt man dann gerne die »wahren Werte« – womit offenbar eine Opposition zu »falschen Werten« gemeint ist, den Werten der Moderne, zu liberalen und demokratischen Werten. Dass die Konservativen ihre »Werte« nicht so genau nehmen, wird auch noch zu ihren Gunsten ausgelegt, als Realismus nämlich.

So kann der Konservativismus einerseits die Gotteseben-
bildlichkeit des Menschen postulieren, muss die Sache
aber nicht allzu eng sehen – im Ernstfall ist auch nicht
ausgeschlossen, dieses Ebenbild Gottes auf die Folter-
bank zu spannen. Die Werte leisten dem Konservativismus gerade deshalb so gute Dienste, weil sie elastisch sind
wie ein guter Hosenträger. Dennoch ist die Identifikation
von Werten mit Konservativismus im allgemeinen Sprach-
gebrauch so stark, dass, wer von Werten spricht, meist
auch automatisch konservative Werte meint. Aber nicht
nur deshalb haben Progressive eine instinktive Abneigung
gegen »Wertediskurse«: Weil traditionell die Rede von
»Werten« den Hautgout des Pfäffischen hat, wollen Progressive mit Werteorientierung nichts zu tun haben; weil
allein moralische Beweggründe mit einem gewissen Recht
als intellektuell fragwürdig gelten, gelten sie als eine
Sache, die vor allem für schlichte Charaktere geschaffen
ist. Weil Moralismus einfach uncool ist, wollen aufge-
weckte Zeitgenossen mit Ethik-Kitsch nicht behelligt
werden. Und vor allem: Das Wertegerede insinuiert ja
stets, man könne eine »schlechte« (eine ungerechte, eine
gewalttätige usw.) Welt, verbessern, indem man die Menschen moralisch schulmeistert, wohingegen es nicht so
wichtig sei, die strukturellen Ungerechtigkeiten in der
Welt zu kurieren. Die Linken wollen nicht die Menschen
verbessern, sondern die Verhältnisse. Oder besser: Sie
glauben, dass man es den Menschen nicht leicht macht,
»gut« zu sein, wenn man schlechte Verhältnisse toleriert.
Aus all diesen Gründen würden Progressive ihre Überzeugungen nicht gerne als »werteorientiert« bezeichnen.

Dabei ist natürlich die Linke in Wahrheit jene Kraft, deren Politik, deren Set an Überzeugungen auf Werten basiert. Mit dem Slogan »Das Private ist politisch« wurde sogar der Alltag in einem Maße moralisiert, das auf Seiten der Rechten undenkbar wäre. Während konservative Werteschwadroneure auf ausgedehnten Vortragsreisen vom Glück der Vierkinderfamilie singen, indes die Gattin sich um die Erziehung der kleinen Plagegeister kümmert, während konservative Kampfpublizistinnen verkünden, Frauen sollten nicht arbeiten, damit die Kinder »das Beste« von der Mutter bekämen (ihre eigenen Kinder haben es noch schöner, sie bekommen von Mama das Beste und von der Kinderfrau dazu), ist auf Seiten der Progressiven jeder Widerspruch zwischen den eigenen Überzeugungen und der Alltagsmoral ein Thema. Und die Linken hängen dem Gleichheitsideal nicht nur deshalb an, weil sie der Überzeugung sind, dass es der allgemeinen Entwicklung dienlich ist, also weil mehr Egalitarismus nützlich ist. Für sie ist dieses Ideal ein Wert, der sie leitet – davon ausführlich später. Sie sind der Überzeugung, dass jeder aufgrund der Würde, die ihm als Mensch zusteht, einen Anspruch auf respektvolle Behandlung hat und dies selbst für Asylbewerber, Arbeitslose, Sozialhilfeempfänger und Obdachlose, ja auch für Frauen und Kinder gilt. Sogar für Alleinerzieher und ihre Babys.

»Es ist in Wahrheit die Linke, deren Politik auf Werten basiert«, urteilt der US-Sozialphilosoph Michael Walzer.

2. Die Achtundsechziger sind an allem schuld

Wie die neuen Konservativen den »einfachen Mann«
entdeckten, und warum sie sich etwas darauf einbilden,
nicht zu den »Intellektuellen« zu zählen.

»1968 war ein Epochenbruch der deutschen Gesellschaft
in Richtung Egozentrik, Faulheit, Mittelmaß. Wir leiden
noch immer darunter. 1968 bestimmt unser Leben bis in
die letzten Fasern«, schreibt Kai Dieckmann, der *Bild*-
Chefredakteur in seinem Pamphlet »Der große Selbst-
betrug«. Die Revolte, assistiert Udo di Fabio, der Star der
Neorechten, mit dem wir schon Bekanntschaft geschlos-
sen haben, griff »Ordnungsgeist und Pflichtethik an, rück-
te die gerade erst wieder erstarkten Institutionen in ein
Zwielicht, attackierte bürgerliche Lebensformen, die Ehe,
den Karrierewillen, aber auch Kirchen, Parteien, Staat,
Unternehmen, bürgerliche Kulturformen«. An allem, was
die westlichen Gesellschaften liberaler und lebenswerter
machte, hätten die Achtundsechziger »keine besonderen
Verdienste«, meint auch der Historiker Götz Aly, früher
selbst mit Mao-Bibel unterwegs, heute nach Konvertiten-
art ein besonders verbissener Kritiker aller Weltverbes-
serer. Achtundsechzig, trommelte schließlich Nicolas
Sarkozy im jüngsten französischen Präsidentschaftswahl-
kampf, habe den »Zynismus in die Politik und Gesellschaft
gebracht«, sei schuld an Familienzerfall, Börsenspeku-
lation und Turbokapitalismus. Deshalb sei das Ziel seiner
Präsidentschaft, »den Geist von 68 zu liquidieren«.

»Muss eine schlimme Zeit gewesen sein damals«, schreibt der Christian Rickens, Redakteur des *manager magazins*, mit feiner Ironie. »Deutschland war einer totalitären Ideologie verfallen, gewalttätige Horden regierten auf den Straßen, ihren Führern bedingungslos ergeben. Andersdenkende wurden fertiggemacht, Gewalt war an der Tagesordnung. Traditionelle Werte und bürgerliche Kultur gab man der Lächerlichkeit preis, alles Alte sollte hinweggefegt werden, um Platz zu machen für den stampfenden Rhythmus einer neuen Zeit. Einige Jahre später war dieses Schreckensregime zusammengebrochen. Doch seine Protagonisten lebten fort. Ihre Taten blieben ungesühnt. Manche nisteten sich in den Schaltstellen der Macht ein und prägten noch für Jahrzehnte das geistige Klima in unserem Land. Es musste erst eine neue, kritische Generation heranwachsen, die aufbegehrte gegen die Täter von einst. Eine junge Generation, die endlich wagte, die überfällige Frage zu stellen: Papa, was hast eigentlich *du* 1968 gemacht.«[39]

Nichts ist beliebter in neukonservativen Kreisen als das 68er-Bashing. Selbst der *Spiegel*, einst von leiser Sympathie für Rudi Dutschke und seine rebellierenden Mitstreiter beseelt, betitelte sein Heft zum 40. Revoltenjubiläum mit dem Satz: »Es war nicht alles schlecht.«

Fast so, als ginge es um die Nazis, über die manche ja auch verbreiten, es sei nicht alles schlecht gewesen – die Autobahnen und so.

Liest man all dies, was in den vergangenen Jahren über die Achtundsechziger geschrieben wurde, dann macht sich der Eindruck breit, sie hätten jedes Übel dieser Welt

zu verantworten. Ob sinkende Geburtenraten, orientie-
rungslose Jugendliche, schrankenlose Genusssucht, fe-
ministische Zerstörung der Mutterschaft, ob antriebslose
Arbeitslose, Computerspiele, Konsumwahn, Pisa-Katas-
trophe und Budgetdefizit – die Achtundsechziger sind
irgendwie »an allem Schuld«, wie Joschka Fischer an-
merkte, der mit sarkastischem Seitenblick auf den 68er-
Kritiker Kai Diekmann noch hinzufügte: »Auch, dass die
›Bild‹-Zeitung so ist, wie sie ist.«

Gute Nachrede haben die Achtundsechziger jedenfalls
keine. Das liegt vielleicht daran, dass sie ein leichter Gegner sind. Selbst junge kritische Geister wollen von Achtundsechzig wenig hören: Viele der ergrauten Rebellen
nerven einfach mit ihren Heldengeschichten, andere
wiederum scheinen ihre Ideen verraten zu haben (und
gelten deshalb als prinzipienlos), aber auch jene, die ihre
Ideen nicht verraten haben, wirken nicht gerade anziehend (sie erscheinen nämlich als altmodisch). Und auf
den graustichigen Videoclips mit Rudi Dutschke sieht
man einen hageren Mann mit struppiger Popperfrisur,
der wirres Zeug redet.

All das würde aber noch nicht erklären, warum der re-
volutionäre Mai '68 heute zu einem »imaginären Haupt-
feind« (*Libération*) wurde – zu dem historischen Datum
schlechthin, das es in den Augen der neokonservativen
Diskursstrategen zu delegitimieren gilt. Dass solche ideologischen Kampfansagen große Wirkungen haben können, ersieht man, wenn man einen Blick über den Atlantik
wirft. In den USA war der Triumph des Neokonservativismus, der im ersten Wahlsieg Ronald Reagans kulmi-

nierte, schon früh mit einem Angriff auf Achtundsechzig, auf die Anti-Kriegsbewegung, auf Hippies und Rebellen verbunden. Die wurden so lange als weltfremd und vorgestrig beschrieben, bis nur mehr durchgeknallte Exzentriker stolz darauf waren, dabei gewesen zu sein. In Europa war das bis dato anders. Diese Abrechnung wird nun in hiesigen Breiten nachgeholt.

Natürlich, das ist keine bewusste, sondern mehr eine instinktive Strategie. Solche Diskurse laufen selten wie geplant, nie gesteuert, und Argumentationswellen breiten sich eher in einem osmotischen Prozess aus. Aber »Achtundsechzig« wird zur Chiffre einer Rollback-Strategie, wie Alan Posener schreibt – paradoxerweise in der *Welt*, dem Zentralorgan der Neo-Bürgerlichkeit. »Heute werden die 68er für alles verantwortlich gemacht, was Kleinbürgern an der Moderne nicht passt: freizügige Sexualität, selbstbewusste Frauen, freche Jugendliche, Kinderlosigkeit, Autoritätsverfall und Regietheater. Eine klassische Verschwörungstheorie.« Dass im Bus niemand mehr für Oma aufsteht – auch ein Erbe von Achtundsechzig.

Gewiss hat diese »Theorie« auch etwas Obskures, Hilfloses, Lächerliches. Denn der Hass, der sich mit der Chiffre Achtundsechzig verbindet, meint alle Prozesse, die sich seither an Auflösung unhinterfragter Autoritäten und traditioneller Bindungen, am Verschwinden von Gewissheiten und Sicherheiten zeigten. Die »konservative Fundamentalkritik«, schreibt Stefan Reinecke in der Berliner *taz*, sagt »Achtundsechzig«, meint aber »viel mehr«. Sie richtet sich gegen »die Freiheitsgewinne des individualisierten, flexiblen Kapitalismus insgesamt«, also gegen einen mächtigen Modernisierungs- und Wandlungsprozess. Die Revolte gegen hergebrachte, verknöcherte Strukturen war in diesem Prozess eher ein Symptom. Schließlich ist die Zersetzung des Hergebrachten, die von konservativer Seite beklagt wird, Resultat der Auflösungserscheinungen, für die der ökonomische und gesellschaftliche Fortschritt sorgt und die der High-Tech-Kapitalismus noch einmal verschärft hat. Wenn die Neubürgerlichen »Achtundsechzig« sagen, meinen sie also Coca-Cola, Lifestylkapitalismus, Hollywood und Globalisierung. Und sie tun so, als könne man beides haben: einen brummenden Kapitalismus, in dem stets »alles Ständische und Stehende verdampft« (Karl Marx) – und die moralische Ordnung der fünfziger Jahre. »Hedonismus und Pflichtvergessenheit der ›narzisstischen 68er‹ wurden für die Individualisierung verantwortlich gemacht«, reibt sich der Berliner Publizist Albrecht von Lucke die Augen.[40]

Die Chiffre Achtundsechzig steht tatsächlich für eine Reihe von Paradoxien, darüber muss nicht mehr diskutiert werden. Mit antikapitalistischem Pathos wurde ein Modernisierungsschub angestoßen, mit dem die Lifestyle-Industrie gut leben konnte. Das ist eine dieser Ambivalenzen. Die westlichen Gesellschaften wurden liberaler, an ihren Utopien sind die 68er aber gescheitert. Auch der Nonkonformismus und die Gegenkultur, die seinerzeit als Nukleus allgemeiner Emanzipation gesehen wurden, führten nur zu einer Aufspaltung in immer mehr Lebensstil-Gruppen, die heute nichts anderes als Zielgruppen für gewiefte Markenartikler sind. Die Konformisten-Gesellschaft hat sich aufgelöst, heute herrscht nicht Otto-Normalverbraucher, sondern »Otto-Normalabweichler« (Jürgen Klaube) vor. Vom Jugendkult, den die Poprevolution der sechziger Jahre einführte, lebt das Wellness-Business inzwischen prächtig. Wer einst Uschi Obermaier nacheiferte, der kauft heute Anti-Aging-Cremes. Und was die Aussteiger mit den Kratzpullis begannen, ist dreißig Jahre später ein Bio-Segment, das im Öko-Supermarkt angeboten wird. All das rechtfertigt schon eine gewisse Ironie, jedoch nicht den Hass, der den Achtundsechzigern entgegenschlägt.

Dass sich dieser Hass auf die Moderne derart auf 1968 fokussiert, zeigt auch, welch ein Schock die Rebellions-Ekstase der späten sechziger Jahre für konservative Milieus gewesen sein muss – es ist offenkundig verdammt schwer für sie, diesen Schock zu verdauen. Höchstens zähneknirschend haben sie sich mit einem Wertewandel abgefunden, der es Frauen gestattet, ein eigenständiges Leben zu führen, und der es Schulkindern erlaubt, neugierige Fragen zu stellen.

Eines aber ist höchst signifikant und wird noch gar nicht wirklich begriffen: Mindestens so nachhaltig wie die Gesellschaft als Ganzes haben die Sechzigerjahre-Revolten, haben Avantgarde und Gegenkultur auch die argumentative Struktur der Konservativen verändert. Denn diese Revolten waren ja nicht so sehr Aufstände der Elenden und Unterprivilegierten, es waren Rebellionen von »Kindern aus gutem Haus«. Es war ein Aufstand derer, für die das kapitalistische System eigentlich eine Rolle als Elite, als Privilegierte vorgesehen hatte – die von dieser Rolle allerdings nichts wissen wollten. Schon in den vierziger Jahren hat der einflussreiche Nationalökonom Joseph Schumpeter die Theorie vertreten, dass der Kapitalismus, indem er immer mehr Menschen höherer Bildung produziert, weil eine komplexe Ökonomie mehr und mehr auf Wissen basiert, auch eine Klasse von »Intellektuellen« schafft, die die Pfennigfuchserei und reine ökonomische Logik der Wirtschaftswelt aus ästhetischen oder moralischen Gründen kritisieren oder einfach, weil sich ihre Hoffnungen auf ein erfülltes Leben, die mit zunehmender Bildung wachsen, sehr oft nicht erfüllen in einem durchschnittlichen Angestelltendasein. Sozusagen: Nicht der Kapitalismus frisst seine Kinder, sondern die Kinder fressen den Kapitalismus. Doch diese Kritiker aus der intellektuellen Eliteklasse steigen ja nicht einfach aus, sie bilden jenseits der politischen und ökonomischen Führungsklassen so etwas wie eine Parallelelite: in der Publizistik, in der Wissenschaft, in der Kunst, in der Kultur. So hat der Neukonservativismus einen neuen Feind: die sogenannten »liberalen Eliten«. Die haben vielleicht nicht die Macht in den Banken, sind auch in den Villengegenden der Reichen unterrepräsentiert, aber in jenen Branchen, in denen viel davon abhängt, ob man in der Lage ist, einen Gedanken zu formulieren oder einen klaren Satz zu sprechen, können sie sich mit Sicherheit Gehör verschaffen, auch wenn sie dort nicht das Sagen haben. Das grämt die Konservativen natürlich fürchterlich. Die neokonservative Kritik gilt fortan einer »bohemehaften Minderheit«, der das

»Regiment über den kulturellen Apparat zugefallen sei«, erklärt Helmut Dubiel. »Deren subversiver Einfluss sei umfassend, weil sie die Schaltstellen des kulturellen Establishments erobert hätten: die Verlage, die Museen, die Galerien, Theater, den Film, die Universitäten ...«[41]

Das gibt dem neuen Konservativismus eine antielitäre Schlagseite, er gefällt sich in einem populären Jargon gegen »das Establishment«, worunter er meist mondäne Städter versteht, die den Lebensstil eines liberalen, avancierten Kulturmilieus pflegen. Daher ist der Neokonservativismus oft vom rechten Populismus schier ununterscheidbar. Erstaunlich ist das durchaus. Schließlich war der frühere Konservativismus, von dem der Neokonservativismus wichtige ideologische Bruchstücke geerbt hat, elitärer Natur. Er war eher von einer Herablassung gegenüber dem Plebs geprägt, unterschied eine Klasse guter Bürger von der »unflätigen Menge«[42], wie das noch bei Edmund Burke hieß, einem der geistigen Väter des Konservativismus. Der Konservativismus favorisiert ja, und da unterscheidet sich der neue vom alten keineswegs, eine hierarchische Ordnung, in der es ein oben und ein unten geben soll. Unnötig dazuzusagen, dass die konservativen Ideologen und Politiker davon ausgehen, dass der für sie vorgesehene Platz in dieser gesellschaftlichen Topik eher oben sein sollte.

Nur haben die kulturreformerischen Energien innerhalb der etablierten Klassen den Konservativen auch schmerzhaft vor Augen geführt, dass ihre Werte in Teilen der gesellschaftlichen Elite aus der Mode gerieten, während bestimmte konservative Anschauungen – etwa, dass der Mann der Herr im Haus ist und die Kinder sich die Haare schneiden sollen, aber auch traditionellere Auffassungen von Pflichtbewusstsein, Weisheiten wie »ohne Fleiß kein Preis« oder die Meinung, dass moderne Musik Lärm und zeitgenössische Malerei doch »gar keine Kunst« sei – nicht zuletzt »unter den einfachen Leuten populär sind« (Irving Kristol)[43]. So zog ein neuer, erstaunlicher Ton ein in die konservativen Argumentationsmuster: Das Arbeitsvolk wandelte sich von der »unflätigen Menge« zum »einfachen Mann«, der sein Herz am rechten Fleck hat. Nun werden die Tugenden und der gesunde Menschenverstand der »einfachen Leute« gegen die neumodischen Ideen einer liberalen Elite beschworen. Diese Elite nannte man dann gerne »die Intellektuellen«.

Das ist durchaus amüsant, da ja auch diejenigen, die diese Kritik vortragen, jener Schicht angehören, die landläufig als »die Intellektuellen« bezeichnet werden – Professoren, Autoren, Kritiker. So liest man bei Norbert Bolz: »Political Correctness nennt man den vor allem von Intellektuellen geführten Kampf gegen die biologische Realität …«[44] Man darf zur Kenntnis nehmen, dass Bolz und seine Mitstreiter sich offenbar nicht den »Intellektuellen« zurechnen, und könnte mit etwas Sarkasmus wie Ted Honderich schlussfolgern: Wenn die Konservativen »die Intellektuellen« so hassen, könne man doch glatt den Eindruck haben, sie bildeten sich etwas darauf ein, »dass sie nicht die Hellsten sind«.[45]

In der milieutypischen Überspanntheit begnügen sich

die Neukonservativen natürlich nicht damit, dass sie eine Spaltung – hier die »intellektuellen, liberalen Eliten«, da das »einfache Volk« mit seinem »gesunden Menschenverstand« – phantasieren, nein, sie sehen sich gerne als bedrängt, unterdrückt vom Tugendterror und dem Gedankendiktat des liberalen Establishments. Vor allem die amerikanischen Neukonservativen haben eine schöne Virtuosität in der Ausprägung einer hysterischen Belagerungsmentalität erlangt, und europäische konservative Phantasten nehmen sich an ihnen ein Vorbild. So prägt diese Kreise ein auftrumpfend-beleidigtes Lamento, die ewige Klage, die Medien würden von »den Liberalen« dominiert und konservative Meinungen würden systematisch unterdrückt, kämen nicht zu Wort, seien stets vom Meinungsterror der Political Correctness bedroht. Dies ist umso kurioser, da die konservativen Meinungsmacher diese Klage ja tagein, tagaus äußeren – und wo äußern sie sie? In den Medien! Keine Talkshow, kein Infotainmentmagazin, keine Zeitschrift, in der nicht ein konservativer Intellektueller bekundet, die Intellektuellen würden die »normalen Amerikaner« oder die »normalen Deutschen« unterdrücken und die Meinung des Volkes bleibe ungehört. Es ist zum Schreien komisch.

Die Phantasievorstellung von den »liberalen Eliten«, die einen Tugendterror ausübten, führte sogar dazu, dass sich konservative Intellektuelle oft im Glanz eines Nonkonformismus zu sonnen begannen. Sie kommen sich richtig mutig vor und stellen ihre Parteinahme für konservative Positionen als geradezu riskante Rebellionen gegen den Zeitgeist dar. In den USA kamen die »neuen

Konservativen«, wie der Wirtschaftsnobelpreisträger und *New York Times*-Kolumnist Paul Krugman schreibt, von Beginn an als »jung, frech und medienkundig daher. Sie verstanden sich selbst als Außenseiter, die das Establishment in Frage stellten. Dabei waren sie jedoch von Anfang an mit reichlichen finanziellen Mitteln ausgestattet.«[46] Obwohl sie ein dichtes Netzwerk von Stiftungen, Thinktanks und Medienmacht aufgebaut haben, haben schon die Begründer der Neokons stets larmoyant beklagt, wie sehr sie geschnitten werden. Krugman: »Die Erben dieser Bewegungen bringen es noch immer in beachtlichem Ausmaß fertig, sich so zu fühlen.«[47]

Freilich, das Schrille am neukonservativen Jargon hat auch einen höchst simplen Grund: Je lauter, umso wahrnehmbarer, je überdrehter die Thesen, für umso mehr Aufmerksamkeit ist gesorgt. Mögen die Neokonservativen auch den Verfall der Kultur beklagen, so wissen sie doch bestens, wie sie funktioniert, die moderne Debattenkultur. Nichts garantiert so sicher eine fette Schlagzeile wie ein Soundbite, der vollgestopft ist mit Invektiven und Injurien. Schon eine richtige »Celebrityszene« hat das neurechte Milieu hervorgebracht, Medienstars, die von Talk-Shows zu Radio-Stationen weitergereicht werden. Gegen die Stars der rechten »Noise-Machine« – »Lärmmaschine« – in den USA nehmen sich die hiesigen Medien-Rechten, seien es der deutsche Ex-Industriellenboss Hans-Olaf Henkel (»Freie Menschen brauchen keine staatliche Wohltaten«), der rechte französische Literaturguru Michel Houellebecq (»Die dümmste Religion ist der Islam«) oder der österreichische Publizist

Christian Ortner (»Nicht alle Muslime sind Terroristen, aber nahezu alle Terroristen sind Muslime«), geradezu wie brave Pennäler aus.

Symptomatisch für den neurechten Stil ist die amerikanische Skandalpolemikerin Ann Coulter. Die Frau hat das lauteste Mundwerk der amerikanischen Rechten, und sie entspricht überhaupt nicht dem Bild, das man sich von einer Stockkonservativen macht, die vor verbiesterten Evangelikalen in Megakirchen predigt: Blonde Mähne, charmantes Lächeln, enge Kleider, endlos lange Beine, lässt sie regelmäßg ein polemisches Feuerwerk auf die Linken und die Liberalen niedergehen. Wobei Ann Coulter so ziemlich alles für gefährlichen Liberalismus hält, was links vom Ku-Klux-Klan steht.

Sie ist bissig und witzig wie Michael Moore, nur hübscher, und deshalb hat man sie auch schon die Paris Hilton der Konservativen genannt. Wobei das natürlich gemein ist, da Paris Hilton abseits des Paris-Hilton-Seins über keine Kompetenzen verfügt, während die 47-jährige Ann Coulter auf ihre Weise richtig gut ist. Coulter, Bestsellerautorin (»Wenn Demokraten Verstand hätten, wären sie Republikaner«), Kultkolumnistin, vielgebuchte Rednerin auf konservativen Konventen, lässt keinen Untergriff aus. Als Hillary Clinton für die Präsidentschaft kandidierte, schrieb sie etwa: »Hillary Clinton will die erste Frau als Präsidentin sein, was sie auch zur ersten Frau in einer Clinton-Regierung machen würde, deren Platz hinter dem Schreibtisch im Oval Office ist – statt unter dem Schreibtisch. Meinungsumfragen zufolge glaubt die Mehrheit der Amerikaner, das Land ist bereit für eine Frau als Präsidentin. Erfreulicherweise zeigen diese Umfragen aber auch, dass die meisten Amerikaner Clinton gar nicht als Frau ansehen.« Clintons Vorteil sei, so Coulter weiter, dass sie bereits First Lady war, ihr Nachteil, dass sie nicht gemerkt habe, dass es auch eine zweite, dritte, vierte und fünfte Lady gäbe. So bitterböse und verletzend geht es zu, wenn Ann Coulter sich mittags in Unterwäsche an den Schreibtisch setzt und ihre Polemiken in die Tastatur hackt.

Ihr Invektiven-Stakkato machte Coulter zu einer Celebrity. Das *Time*-Magazine widmete »Ms. Right« eine Coverstory, und die moderat konservative Tageszeitung *Washington Post* fragte sich in einem umfangreichen Porträt des »konservativen Pin-Up Girls«, ob Coulter all das ernst meine, was sie von sich gäbe, oder ob sie sich nur am Meinungsmarkt positioniere, weil das »vom Marketinggesichtspunkt gut funktioniert«. Jedenfalls weiß Coulter, wie man Aufmerksamkeit erregt: Mit einem stetigen Hagel an Tiraden zur Pflege des USP, der »Unique Selling Proposition«, dessen Gleichförmigkeit durch gelegentliche Skandal-Sätze unterbrochen wird. Als Bill Clintons Lewinsky-Causa hochging, merkte sie an, dass sich doch eigentlich nur die Frage stelle, ob Amtsenthebung oder ein Attentat die angemessene Reaktion seien. Unmittelbar nach dem 11. September 2001 schrieb sie in einer ihrer Kolumnen: »Wir sollten in ihre Länder einfallen, ihre Führer töten und sie zum Christentum konvertieren.« Zudem sollte man »verdächtigen, dunkelhäutigen Personen« verbieten, in Amerika Flugreisen zu buchen. Auf die Frage, wie sie denn dann reisen sollten, erwiderte sie schlagfertig: »Sollen sie fliegende Teppiche nehmen.« Straffällige Jugendliche will sie »öffentlich auspeitschen« lassen.

Eine Konservative sei sie geworden, weil es in ihrem Leben keine neurotisierenden Vorfälle gegeben habe, die sie zu einer Liberalen gemacht hätten. Denn, selbstverständlich, »Liberalismus ist ein geistiger Defekt«. Coulter sieht sich selbst als Projektil im Krieg gegen den Terror, der ist ihr am zweitwichtigsten. Ihr liebstes Vergnügen freilich ist der Krieg gegen die Demokraten. Ronald Reagan war ihr Lieblingspräsident, als ihren Helden bezeichnet sie aber den früheren Senator Joseph McCarthy, den antikommunistischen Hexenjäger der fünfziger Jahre. »Ku-Klux-Coulter« nennen sie ihre Feinde oder eine »Teufelin« (Ex-Präsidentschaftskandidat John Edwards). Man hat sie auch schon die »Eva Braun des Frühstücksfernsehens« geheißen.

Libertinage, Abtreibung, Gottlosigkeit, Homosexualität, Patriotismusvergessenheit, all das, so Coulter, hätten die Linken, die Liberalen, die Demokraten, die Hippies, die Hollywood-Celebrieties, die Teddy Kennedys und Clintons über das Land gebracht. Ann Coulter präsentiert sich als das Sprachrohr der »normalen Amerikaner«, die ihr Land und die normale Familie lieben und die man mundtot gemacht habe. Ann Coulter ist ein Produkt der Belagerungsmentalität, des aggressiven Lagerdenkens und des Tunnelblicks – Phänomene, die sich in der US-Rechten in den vergangenen 25 Jahren breitgemacht haben.

Freilich, ein rein amerikanisches Phänomen ist das

schon längst nicht mehr. Alle Kategorien, nach denen in Deutschland gedacht und gehandelt wird, hätten die Achtundsechziger verschoben, tobt etwa *Bild*-Chefredakteur Kai Dieckmann: »Vor allem geht das Gutmenschentum auf ihre Kappe, also der irritationsfreie Glaube an das Gute im Menschen, auch bei Sexualstraftätern, Asylbetrügern, Sozialschmarotzern.« Wir sehen also, Dieckmann tut sein Bestes. Freilich, so gut wie Coulter wird er nie.

Denn sie ist eine gut aussehende Frau und er ein hässlicher Mann.

3. Ich bin frei, weil du arm bist

*Warum die Konservativen die Ungleichheit für gerecht
halten oder zumindest für nützlich.
Und welche Kalamitäten uns diese Irrlehre einhandelt.*

Was sind eigentlich Konservative? Es ist an der Zeit, ein
wenig Systematik in unsere Tour durch die neurechten
Torheiten zu bringen. Sind Konservative nun Verbots-
apostel, die für den starken Staat eintreten, oder freie
Marktwirtschaftsfanatiker, die für einen schlanken Staat
streiten? Sind sie gegen jeden Wandel oder nur gegen den
Wandel, der ihnen nicht passt? Sind Neukonservative
Schnösel, die über den hedonistischen Sittenverfall der
breiten Masse die Nase rümpfen, oder Freunde des »einfachen Volkes«? Da muss doch eine Ordnung hinein zu
bringen sein. Nun ja, einfach ist das nicht. »Lange war
mir nicht klar, was den konservativen Block und seine
moralisch-politische Welt zusammenhält. Es wollte mir
nicht einleuchten, was ein skrupelloser Finanzinvestor,
der an der Wall Street spekuliert und um die dreißig Jahre
alt ist, mit einer mittellosen Rentnerin in einer Kleinstadt
des amerikanischen Mittleren Westens verbindet, die täg-
lich in der Bibel liest. Trotzdem sind wahrscheinlich
beide für Bush. Was wir als *die Rechte* bezeichnen, diese
Mischung aus Kapitalismus und kulturellem Konservativismus, die Allianz von Wall Street und Bible Belt, war
mir immer ein Rätsel«[48], schreibt der italienische Psycho-
analytiker Sergio Benvenuto. Ganz ähnlich formuliert

das George Lakoff, ein amerikanischer Linguist, der der Frage nachgegangen ist, welche innere Logik das konservative Weltbild denn haben kann. Die *Rechten* haben ein Set an politischen Positionen, die sie ausmachen: Sie sind für eine Justiz, die hart bestraft, aber gegen den Sozialstaat, für Steuererleichterungen für die Wohlhabenden, aber für die Werte des einfachen Mannes, sie sind für Geheimdienste, aber eher gegen Kindergärten, für die Kirche, aber auch für das Militär usw. Lakoff: »Ich sagte mir: ›Das sind ja wirklich höchst merkwürdige Leute. Ihre politischen Positionen haben keinen gemeinsamen Sinn.‹«[49] Nun könnte man meinen, Konservative sind eher für die traditionellen Werte, die seit jeher ein bestimmtes Gemeinwesen auszeichnen, während Progressive eher dafür sind, diese Werte zu verändern. Aber auch diese Richtschnur hilft nicht sehr viel, wie Lakoff wieder am amerikanischen Exempel ausführt: »Sind niedrige Steuern, Aggressionskriege und Beschattung der Bürger im eigenen Land traditionelle US-amerikanische Werte? Nein? Aha. Und sehen wir uns die progressive Seite an: Sind die Ideen von Steuern als gemeinsamem Vermögen, Schutz der Bürger vor staatlicher Willkür und Rechenschaftspflicht der Regierung nicht traditionelle US-amerikanische Werte?«[50]

Früher hätte man sich vielleicht noch mit dem Hinweis helfen können, die Konservativen verteidigen das Vertraute und sind gegen den Wandel, wobei auch das durchaus fragwürdig war, da sie ja nicht jeden Wandel bekämpften. Rhetorisch haben sie sich gegen den »Wandel« gestellt, waren aber für »Reform«, der Richtschnur folgend, dass der Wandel etwas grundsätzlich Gutes vernichtet, während die Reform ein Übel lindert.[51] Welche Änderungen nun in die Kategorie »Wandel«, welche unter die »Reform« fielen, war hochgradig erratisch. Edmund Burke, Leitfigur des Konservativismus, unterstützte etwa die amerikanische Revolution, bekämpfte die Französische dagegen leidenschaftlich.

Aber die Anhänglichkeit der Konservativen an das vertraute Gute ist heute noch fragwürdiger als seinerzeit. Schließlich haben die Konservativen mindestens seit den späten vierziger Jahren des vergangenen Jahrhunderts die Gleichmacherei einer nivellierten Mittelstandsgesellschaft beklagt und seit nunmehr mindestens vierzig Jahren die hedonistische Massenkultur verteufelt. So kann man durchaus fragen, »wie lange etwas eigentlich schon existiert haben muss, bevor es aufhört, etwas Neues zu sein« (Ted Honderich)[52]. Denn schließlich waren ja die Werte, die die Konservativen so hochhalten, irgendwann einmal neu, und die, die sie verteufeln, sind keineswegs mehr taufrisch. Auch sind die Konservativen in keiner Weise gegen Wandel, im Gegenteil: Gerade die forschen Neukonservativen, die in dieser Hinsicht von den Neoliberalen praktisch ununterscheidbar sind, fordern entschiedene Reformen: Steuern runter, Sozialprogramme weg, Sozialstaat verschlanken, mehr Härte in der Strafjustiz, hohe Zäune in der Einwanderungspolitik, mehr Elitenbewusstsein in der Bildungspolitik, zudem Privatisierung da und Privatisierung dort und, nicht zu vergessen, im Extremfall sogar einen totalen Regimewechsel anderswo. Nimmt man die Analyse des verderblichen Status quo, die die Neukonservativen präsentieren, für bare Münze und ebenso die Vorschläge, die sie machen, so kann man mit Fug und Recht sagen, dass sie nicht das Vorhandene verteidigen wollen, sondern eine beinahe vollständige Transformation der zeitgenössischen Gesellschaften im Sinn haben. Also, der Respekt der Neukonservativen vor gewachsenen Strukturen ist zumindest hochgradig selektiv.

Dasselbe gilt für ein weiteres zentrales Motiv in der Rhetorik der neuen Konservativen: die »Wirklichkeit«. Neukonservative schlagen ja nicht selten einen tragischen Sound an, der in etwa so klingt: Die Ideen der progressiven Gutmenschen klingen zwar freundlich, sind aber hoffnungslos utopisch, weil die Realität eben eine andere ist. Diese Gutmenschen – oder good doer, wie die Amerikaner sagen – seien beispielsweise für farbenfrohe Multikulturalität, aber in der Realität führe das nur zur Entstehung von Parallelgesellschaften, in denen die Kriminalität blüht. Von Irving Kristol stammt die berühmte Definition, ein Neokonservativer sei ein Liberaler, »der von der Realität überfallen wurde«[53]. Dabei fordern die Neukonservativen, man möge die Realitäten zur Kenntnis nehmen, wenn ihnen das passt – favorisieren aber durchaus das Gegenteil, wenn ihnen das besser zupass kommt. Schließlich ist der Umstand, dass heute jede zweite Ehe geschieden wird, auch eine Realität – aber eine »Wirklichkeit«, die die Neukonservativen verändern wollen. Und Saddam Husseins Herrschaft war eine Realität, der gegenüber sich die Neokonservativen allerdings keineswegs berufen fühlten, sie einfach zur Kenntnis zu nehmen. Außerdem, was sind Realitäten? Etwas Konstantes und Starres? Oder kann sich die Realität auch verändern? Und ist die frühere Realität realer als die neue? Ist die neue Realität besser als die alte? Anders gefragt: Was macht die alte besser als die neue?

Oder heißt Realitätssinn einfach, dass man ein skeptisches Bewusstsein bewahren muss, weil die Möglichkeiten, die Realität durch praktische Reformpolitik – etwa durch Gesetze und andere Maßnahmen der Regierung – zu verändern, durchaus begrenzt sind, weil die Menschen die neuen Regeln möglicherweise unterlaufen oder weil aufgrund der nicht intendierten Nebenfolgen oft etwas anderes rauskommt als das gewünschte Ergebnis? Freilich kann man nur durch Probieren herausfinden, ob etwas funktioniert oder nicht. Das ist seit jeher der Lauf, den der Fortschritt nimmt. Aber in jenen Fällen, in denen sich die Neukonservativen auf das »Realitätsprinzip« berufen, sind sie in aller Regel schon gegen solche »unideologischen« Versuche. Ginge es nach ihnen, würden Menschen nie etwas verbessern, aus Angst, es könnte sich etwas verschlechtern. Also, auch das führt uns nicht weiter.

Wie immer man die Dinge wendet, man findet eher wenige Indizien dafür, dass Konservative durchgängig am Bestehenden hängen und nur selten für Veränderungen sind, wohingegen Progressive das Bestehende gering schätzen und für Änderungen votieren. Allerhöchstens gibt es so etwas wie eine Mentalitätsdifferenz: Konservative äußern sich gerne pessimistisch, was die Möglichkeit zur positiven Veränderung einer Gesellschaft betrifft, weil die Natur des Menschen Perfektionismus grundsätzlich ausschließt, während Progressive spontan ein eher optimistisches Bild von der Natur des Menschen haben und deshalb etwas positiver in die Zukunft blicken – sie können sich zumindest vorstellen, dass man die Welt verbessern kann. Aber selbst diese Unterscheidung ist nicht mehr allzu trennscharf: So waren vor allem die Neokonservativen von einem unfassbar naiven Optimismus getragen, was etwa die Aussichten betraf, durch den Einmarsch der US-Armee und den Sturz des Saddam-Regimes den Irak zu einer blühenden Demokratie zu machen. Auch ansonsten gilt: Manche Dinge wollen Konservative verändern, manche nicht. Manche Dinge wollen Progressive verändern, manche nicht.

Selten die gleichen.

Wofür sind aber dann Konservative? Eine der Lieblingsvokabeln der neuen Konservativen ist das Wort »Freiheit«. Aber was meinen Konservative, wenn sie »Freiheit« sagen? Nun, zum Teil dasselbe wie Liberale, Progressive oder Sozialdemokraten, was damit zusammenhängt, dass heute darüber, wie eine lebenswerte Gesellschaft strukturiert sein soll, im Westen in begrenztem Maße Konsens besteht. So meinen Konservative und Progressive, die parlamentarische Demokratie, die jedem Bürger eine Stimme gibt, ist die beste Regierungsform, es soll möglich sein, eine Regierung abzuwählen, und sie sind der gemeinsamen Überzeugung, dass Presse- und Meinungsfreiheit hohe Güter sind. In diesen Punkten besteht kaum mehr ein Unterschied. Sie sind sich auch darüber einig, dass »Freiheit« nicht notwendigerweise heißen kann, jeder darf tun, was er will. Weder Konservative noch Progressive vertreten die Auffassung, dass man die »Freiheit« haben soll, den Nachbarn zu ermorden, und auch für die »Freiheit«, Passanten ins Gesicht zu spucken, setzt sich niemand ein, der bei Trost ist. Üblicherweise lernen schon die Zehnjährigen im Unterricht, dass die Freiheit dort enden muss, wo mein Verhalten die Freiheit eines anderen einschränkt. In der Praxis ist die Sache natürlich komplizierter, weil wir nicht immer direkt, sondern auch indirekt durch allerlei Fäden mit anderen verbunden sind. Wenn ich Auto fahre, ohne mich anzuschnallen, hat es wenig Sinn, mich auf meine »Freiheit« zu berufen, wenngleich dieser riskante Lebensstil niemandem direkt schadet: Wenn ich unangeschnallt gegen einen Baum fahre, sterbe nur ich, und wenn ich in ein entgegenkommendes Auto rase, stirbt möglicherweise ein anderer Autofahrer mit mir, aber nicht deshalb, weil ich nicht angeschnallt war. Dennoch nimmt sich das Parlament heraus, eine Gurtpflicht zu erlassen, weil etwa die Gesundheitssysteme dafür aufkommen müssen, wenn ich mich unnötig schwer verletze, was wiederum allen anderen Einzahlern Kosten aufbürdet. Was Fragen wie diese betrifft, gibt es kaum Differenzen zwischen Konservativen und Progressiven, auch wenn sich Konservative und Progressive gelegentlich sehr signifikant darin unterscheiden, welche Liste an Verboten sie favorisieren. In den USA etwa verteidigen Konservative leidenschaftlich das Recht, Waffen zu besitzen, Progressive sind dagegen.

Nichtsdestoweniger ist der Freiheitsbegriff der Konservativen etwas obskur. Zunächst war das Wort »Freiheit« historisch ja nicht gerade eine zentrale Parole des Konservativismus. Der ältere Konservativismus favorisierte »Ordnung«, und damit meinte er meist das exakte Gegenteil von Freiheit. Ordnung hieß, dass sich die niedrigen Stände nicht herausnahmen, frech zu werden. Man könnte also mit etwas Sarkasmus anmerken, dass der Konservativismus erst die »Freiheit« auf seine Fahne geschrieben hat, nachdem andere sie erkämpft hatten. Tatsächlich gilt ja, abseits aller Ironie, bis in unsere Zeit: Es gibt kaum ein Freiheitsrecht im Westen, das nicht gegen die Konservativen erkämpft worden wäre, von der Aufhebung der Rassentrennung in den USA bis zur rechtlichen Gleichstellung der Frauen in praktisch allen Ländern Europas. Heute noch kämpfen Konservative etwa dafür, dass die Homosexuellen-Ehe verboten bleibt. Und ohnehin steht die hohe Freiheitsrhetorik der Konservativen in einem seltsamen Missverhältnis zu dem moralisch-sittlichen Verbotsjargon, den sie stets und reflexartig anschlagen. So fordern Konservative, dass der Staat nicht in das Leben seiner Bürger eingreifen soll, was ja nur einen Sinn ergibt, wenn man der festen Überzeugung ist, dass niemand das Recht hat, über den Lebensstil eines Menschen zu urteilen, aber gerade Konservative nehmen sich natürlich sehr gerne dieses Recht heraus: Laissez-faire in lebenskulturellen Fragen ist ihre Sache keineswegs, wie wir schon im ersten Kapitel gesehen haben. Konservative lieben die doppelte moralische Buchführung. Kluge Neukonservative wie der US-Soziologe Daniel Bell geben offen zu: Sie wollen »einerseits wirtschaftliche Freizügigkeit, andererseits Moralvorschriften«[54].

Nun könnte man zu der Ansicht kommen, Konservative haben zwar eine Präferenz, wie ein moralisches oder sittliches Leben aussehen sollte, eine Präferenz, die sie in Appellen und moralischen Predigten durchaus zum Ausdruck bringen, sie seien aber gegen kollektive Zwangsmechanismen. Soll heißen: Sie sind gegen einen allzu fürsorglichen Staat. Für die Konformität, die sich die Konservativen wünschen, sollen eher die moralischen Werte sorgen, die in einer Gesellschaft vorherrschen, höchstens sollen sanfte zivilgesellschaftliche Kontrollmechanismen etwas nachhelfen, etwa über den Gruppendruck, wie er in Kleinstädten noch Gang und Gäbe ist. So schreibt etwa Leo Strauss: »Nur eine Gesellschaft, die klein genug ist, um gegenseitiges Vertrauen zu gestatten, ist klein genug, um gegenseitige Verantwortung und Überwachung zu erlauben – Überwachung von Handlungen oder Sitten, die für eine Gesellschaft, die nach Vervollkommnung ihrer Mitglieder strebt, unabweislich ist. In einer großen Stadt, in ›Babylon‹, hingegen kann jeder mehr oder weniger nach seinem Belieben leben.«[55] Strauss ist für diese Art nachbarschaftliche Bespitzelung plus moralischen Druck, weil jeder andere Versuch, Verhalten zu erzwingen, staatliche Zwangsmaßnahmen voraussetzen würde. Und Konservative sind für den schnüffelnden Nachbarn, aber nicht in jeder Hinsicht für einen schlanken Staat. Sie sind gegen flächendeckende, einheitliche

Sozialsysteme, sie sind für die Privatisierung öffentlicher Betriebe. In dieser Hinsicht sind sie für einen eher zurückhaltenden Staat. In vielen anderen Dingen sieht die Sache freilich anders aus: In aller Regel sind Konservative für ein schlagkräftiges Militär oder dafür, dass Geheimdienste die Bürger ausspähen dürfen. In diesen Fragen plädieren eher die Linken und Liberalen für einen Staat, der seine Finger aus dem Privatleben der Bürger heraushält.

Der Freiheitsbegriff der Konservativen meint vor allem die Freiheit des privaten Eigentums. Jeder politische Begriff ist in einem bestimmten Sinn insofern »polemisch«, als er sich gegen einen anderen Begriff wendet: Und der Freiheitsbegriff, wie ihn die Konservativen verstehen, wendet sich gegen den Kollektivismus. Die neuen Konservativen unterscheiden sich in dieser Hinsicht nicht nennenswert von den Neoliberalen, wenngleich der amerikanische Neokonservativismus ursprünglich einige Aspekte der Sozialreformen, wie sie seit dem New Deal der dreißiger Jahre eingeführt worden sind, nicht vollends abgelehnt hat. Aber wenn Neokonservative »Freiheit« sagen und die Meinung vertreten, der Staat solle möglichst nicht in das Leben der Bürger eingreifen, dann meinen sie in aller Regel, der Staat solle so wenig wie möglich die freie wirtschaftliche Tätigkeit der Bürger als Wirtschaftssubjekte behindern. »Wenn man in Bezug auf den Konservativismus an Freiheitsrechte denkt, fällt einem zunächst die *Freiheit* ein, *Privateigentum zu erwerben und zu besitzen*«[56], schreibt Ted Honderich. Ein aktiver Staat, der zum Beispiel versucht, soziale Ungerechtigkeiten auszugleichen, aber auch einer, der eine ambitionierte Bildungspolitik verfolgt und ein dichtes Netz an Wohlfahrtsprogrammen auflegt, die Menschen in Not oder anderen schwierigen Situationen helfen, bedroht diese »Freiheit« nach Überzeugung der Konservativen, und sie haben sich dafür eine Reihe von Argumenten zurechtgelegt, die manchmal mehr, manchmal weniger logisch aufeinander Bezug nehmen.

Zunächst gehen sie davon aus, dass der Wettbewerb privater Wirtschaftssubjekte die effizienteste Art ist, eine Volkswirtschaft zu organisieren. Die Anreizstruktur, die den privatwirtschaftlichen Kapitalismus charakterisiert, sei auch die beste Methode, um dafür zu sorgen, dass sich Menschen anstrengen: Weil der Mensch ein »Homo Oeconomicus« sei, werde er sich nur ins Zeug legen, wenn man ihm einen möglichst hohen materiellen Erfolg in Aussicht stelle. Die »Freiheit« des Marktes fördere die optimale Entwicklung der Talente von möglichst vielen Bürgern: Weil ja nur der, der sich anstrengt, ein besserer Mensch wird (und zwar in fachlicher wie in moralischer Hinsicht). Davon haben alle etwas: der Fleißige, der reich wird, aber letztlich auch die Faulen, etwas Untalentierteren oder die, die einfach weniger Glück haben. Denn schließlich wird eine Volkswirtschaft, in der sich viele anstrengen und viele ihren Eigennutz verfolgen, zu einer brummenden, prosperierenden Wirtschaft, in der es auch den relativ Armen immer noch besser geht als in einer Ökonomie, deren Motor keucht und stottert und die nur geringe Wachstumsraten aufweist.

Ein aktiver Staat und eine Sozialpolitik, die etwa Arbeitnehmerrechte gesetzlich schützt, sind darum in zweifacher Hinsicht für Konservative ein Übel: Erstens, weil die staatlichen Regeln den freien Wettbewerb tendenziell ausschalten oder zumindest behindern. Und zweitens, weil ein aktiver Staat Mittel für seinen Aktivismus benötigt: Er braucht Ministerien, Behörden, Beamte, die die Gesetze ausarbeiten, deren Einhaltung überwachen, er benötigt Sozialversicherungsapparate, die die staatlichen Hilfen auszahlen. Und er braucht Geld, um das alles zu bezahlen. Dafür muss er Steuern erheben.

Mit den Steuern ist das so eine Sache. Steuern sind ja Gelder, die die freien Wirtschaftsbürger durch eigenen Fleiß und Antrieb verdient haben und die ihnen der Staat wegnimmt. Ist das nicht schon ein Angriff auf die Freiheitsrechte, auf die Rechte des Individuums, die kein anderer oder keine Gruppe von anderen verletzen darf? Ultrakonservative Philosophen wie Robert Nozick beantworten schon diese Frage mit »Ja«. Die einzige Art von Staat, die legitimiert werden könne, sei »der Minimalstaat, der sich auf die wesentlichen Funktionen beschränkt, wie die Verteidigung gegen Gewalt, Diebstahl, Betrug, Zwang usw.; ein ausgreifenderer Staat wird das Recht des Individuums, zu nichts gezwungen zu werden, verletzen«, schreibt Nozick.[57] »Die Besteuerung dessen, was ein Mensch durch Arbeit erworben hat, ist gleichbedeutend mit Zwangsarbeit. Das ist, als würde man eine Person dazu zwingen, n Stunden für den Nutzen eines anderen zu arbeiten.«[58]

So weit gehen die allermeisten Neukonservativen nicht. Dass schon das Erheben minimaler Steuern ein Vergehen an der »Freiheit« sei, würden sie so nicht behaupten wollen. Schließlich wissen sie, dass der Staat durchaus Dinge tun kann, die für den einzelnen nützlich sind, aber nur mit kollektiven Anstrengungen zu schaffen sind – ein einzelner oder auch nur eine Gruppe von einzelnen kann bestimmte Aufgaben nie meistern. Raumfahrt, Autobahnbau, auch der Bau hochqualitativer Spitäler, vor allem den Aufbau eines schlagkräftigen Militärs – das geht über die Kräfte einzelner hinaus. Schon Adam Smith, der geistige Vater der klassischen Nationalökonomie, hat darauf hingewiesen, dass es durchaus Leistungen gibt, die »zwar der Gesellschaft als Ganzem höchst nützlich, doch der Art sind, dass sie für einen einzelnen oder eine geringe Zahl von einzelnen nicht rentieren«[59].

Was die meisten Neukonservativen empört, sind nicht Steuern an sich, sondern der Umstand, dass Wohlhabendere wegen der Progression, die die meisten Steuergesetze kennen, höhere Steuersätze bezahlen als die Geringverdiener. Dies verstoße gegen den Grundsatz, dass alle Menschen gleich behandelt werden müssen. Dies sei eine »Enteignung durch Steuern« und führe überdies dazu, dass sich »die Tüchtigsten« nicht mehr anstrengen. Der Begriff der »konfiskatorischen Steuer« ist eine der Lieblingsvokabeln in neurechten Kreisen. Aber die Einhebung von Steuern über das Minimum hinaus ist in den Augen der Neukonservativen nicht nur eine Freiheitseinschränkung, weil Menschen ihr »Eigentum« weggenommen wird, sondern weil mit dem Geld staatliche Behörden finanziert werden. Und selbst wenn mit der Verwendung der Gelder ein positiver Zweck verfolgt und ihr Einsatz von der Mehrheit der Bürger akzeptiert wird, so können diese Zwecke »nur durch Verwaltungsakte, durch Ausweitung bürokratischer Macht der Gesellschaft erzielt werden« (Daniel Bell)[60]. Mögen diejenigen, die einen aktiven Staat favorisieren, auch durchaus menschenfreundliche Absichten verfolgen, so gelte: Gutgemeint ist das Gegenteil von gut. Denn wer von einem ausgebauten Wohlfahrtsstaat träumt, der werde neben einem bürokratischen Monstrum aufwachen.

Die Ausweitung der staatlichen Wirtschaftsaktivität ist ein »Weg in die Knechtschaft«. So hat das vor über sechzig Jahren der Wirtschaftnobelpreisträger Friedrich August von Hayek in seinem gleichnamigen Buch formuliert, das heute so etwas wie eine Bibel aller Neukonservativen und Neoliberalen ist. Hayek hat sein Buch 1944 angesichts der NS-Diktatur und des Sowjetkommunismus geschrieben, aber auch vor dem Hintergrund erster Schritte zum Aufbau eines Wohlfahrtsstaates in Großbritannien, in den USA und in Skandinavien. Für Hayek waren diese unterschiedlichen »Regimes« nur Spielarten ein und derselben Tendenz: des Untergangs von Freiheit und Individualismus. »Nur diejenigen, die sich noch an die Zeit vor 1914 erinnern können, wissen, wie eine liberale Welt ausgesehen hat ... Schritt für Schritt haben wir jene Freiheit der Wirtschaft aufgegeben, ohne die es persönliche und politische Freiheit in der Vergangenheit nie gegeben hat«[61], schrieb Hayek.

Allen Ernstes betrachtete er den Räuberbaron-Kapitalismus der vorvergangenen Jahrhundertwende als goldenes Zeitalter des Liberalismus, die Sozialreformen in Großbritannien und den USA dagegen als schwere Niederlagen für die Freiheit, weil der Staat seine Wirtschaftsaktivität ausweite: eine »breite Heerstraße in die Knechtschaft«[62]. Nun, die USA, Großbritannien und Skandinavien sind auch heute noch liberale Gesellschaften. Und wenn die »Freiheit« in diesen Gesellschaften ernsthaft bedroht wurde, dann von Mistreitern Hayeks beim »Verteidigen der Freiheit« wie dem antikommunistischen US-Senator Joseph McCarthy. Zwar hat sich bald erwiesen, dass Hayeks Verfallsphantasie nichts mit der historischen Wirklichkeit zu tun hatte, doch hält dies seine Epigonen bis heute nicht davon ab, seine Thesen nachzubeten. Übrigens, das nur nebenbei, zitieren sie ihren Säulenheiligen äußerst selektiv. Denn bei Hayek kann man auch Sätze wie den folgenden finden: »Die Aufrechterhaltung des Wettbewerbs ist sehr wohl auch mit einem ausgedehnten System der Sozialfürsorge vereinbar – solange dieses so organisiert ist, dass es den Wettbewerb nicht weitgehend lahm legt.«[63]

Welche Maßnahmen den Wettbewerb »weitgehend« lahmlegen, das ist natürlich Ansichtssache. Grundsätzlich sind Neukonservative der Ansicht, dass wir alle bessere Güter und Dienstleistungen zur Verfügung haben werden, wenn überall so viel Wettbewerbsgeist wie möglich herrscht und wenn nicht so sehr entscheidet, ob jemand einer Dienstleistung oder eines Gutes bedarf, sondern ob er sie bezahlen kann. In vielen Fällen ist das so selbstverständlich, dass es trivial ist: Ein Friseur schneidet nicht prinzipiell zuerst jenen Menschen die Haare, die seine Dienste am notwendigsten haben, wie etwa zotteligen Langhaarigen – sondern jenen Kunden, die in seinen Laden kommen und ihn dafür bezahlen. Für Neukonservative ist sonnenklar, dass man dieses Prinzip auf so viele Bereiche wie möglich ausweiten sollte, und damit beginnen die Fragwürdigkeiten: Dass etwa Privatfernsehkanäle, die miteinander in einem harten Wettbewerb stehen, dazu geführt haben, dass wir »bessere« Güter zur Auswahl haben, lässt sich wohl kaum behaupten. Manche radikale Ideologen legen das freie Wettbewerbsprinzip auf ganz eigentümliche Weise aus: Warum sollen Ärzte denen helfen, die es gerade am Nötigsten haben? fragt Robert Nozick. »Muss denn ein Gärtner seine Dienste auf jene Grünflächen richten, die es am Nötigsten haben? Aber inwiefern unterscheidet sich die Situation des Arztes von dem des Gärtners?«[64] Ist es nicht ungerecht, von einem Arzt zu verlangen, er solle einen Hungerleider retten, nur weil der gerade abzuleben droht, wenn er gleichzeitig einer wohlhabenden Witwe eine Schönheitsoperation verpassen könnte? Wie kann man von einem Arzt etwas verlangen, was man von einem Friseur nie zu fordern wagen würde? Eine solche Auffassung kann selbstverständlich auch in neukonservativen Kreisen als etwas exzentrisch gelten, wenngleich sie doch stets argumentieren, jedes gesellschaftliche Problem sei schlicht darauf zurückzuführen, dass die Marktanreize eines falsch verstandenen Egalitarismus wegen nicht funktionieren.

In letzter Konsequenz sollen alle rhetorischen Verrenkungen der Konservativen die These untermauern, es sei keineswegs gerecht, mehr Gleichheit unter den Menschen herzustellen, und abgesehen davon würden alle Versuche in diese Richtung ausschließlich kontraproduktive Wirkungen haben. Die neokonservativen Ideologen tragen die Meinung mit großem Getöse und scheinlogischen Ableitungen vor, wie obskur sie ist, lässt sich freilich leicht durchschauen. In Wirklichkeit sind die neokonservativen Politikvorschläge nicht nur ungerecht, sie haben auch für ein Gemeinwesen nachteilige Wirkung. Dagegen zielen wohlfahrtsstaatliche Maßnahmen darauf ab, die gröbsten Ungleichheiten und Ungerechtigkeiten zu beheben, indem man wenigstens verhindert, dass die Ärmsten ins Elend rutschen. Und sie haben das Ziel, gröbste Ungleichheiten zu verhindern, indem etwa in ein allgemeines Schulsystem investiert wird oder in Kindergärten, sodass die Startnachteile von Kindern aus unterprivilegierten Schichten etwas ausgeglichen werden. Sie haben aber auch gesamtwirtschaftlichen Nutzen, weil eine breitere Basis gut ausgebildeter Arbeitskräfte für eine moderne Wirtschaft notwendig ist.

Darauf antworten die Neukonservativen auf mehrerlei Art. Zunächst weisen sie den Standpunkt zurück, dass mehr Gleichheit überhaupt ein erstrebenswertes Ziel sei. Schließlich seien die Menschen alle unterschiedlich, und es sei doch schön, dass die Welt bunt sei. Alle Versuche der Progressiven, für mehr Gerechtigkeit zu sorgen, seien deshalb »Gleichmacherei«. Der Wert der »Gleichheit« stehe im Gegensatz zur »Freiheit«, denn man könne Menschen nur gleicher machen, wenn man ihre Freiheit einschränke. Außerdem seien »Gleichheit« und »Ungleichheit« nur »relationale Werte«, und es komme doch darauf an, »ob Menschen ein gutes Leben führen, und nicht, wie deren Leben relativ zu dem Leben anderer steht« (Harry Frankfurter).[65]

Die Einwände gegen alle Versuche, mehr Gleichheit zwischen den Bürgern einer Gesellschaft herzustellen, machen wohl das Herzstück des konservativen Denkens aus, sei es der Alt-, sei es der Neukonservativen. Die Angriffe auf das Gleichheitsprinzip – oder umgekehrt: die Verteidigung gesellschaftlicher Ungleichheiten –, sind derart zentral in der Weltanschauung der Konservativen, dass sie eine ganze Reihe elaborierter Argumente vorbringen, die sich um zwei Basispostulate gruppieren. Erstens: Materielle Ungleichheiten, mögen sie auch noch so schroff sein, sind gar nicht ungerecht. Zweitens: Die Ungleichheiten zwischen den Menschen, mögen sie vielleicht auch ungerecht sein, sind funktional für eine prosperierende Gesellschaft, und umgekehrt seien alle Versuche, Ungleichheiten einzuebnen, dysfunktional.

Ungleiche Verteilung, so eines dieser Argumente, könne nur dann als »ungerecht« charakterisiert werden, wenn sie auf illegitimen Wegen zustande gekommen ist. »Was immer aus einer gerechten Situation mit gerechten Zwischenschritten erwächst ist selbst gerecht«, postuliert der Philosoph Robert Nozick.[66] Selbst die gröbsten Ungleichheiten, mögen sie auch die Folge einer Anhäufung von Reichtümern seit Generationen auf der einen, eine Folge von Niederlagen auf der anderen Seite sein, seien gerecht, solange sie unter Einhaltung der Spielregeln herbeigeführt wurden. Denn die Reichen haben ihren Reichtum in aller Regel ja nicht gestohlen, auch beruht er nur in Einzelfällen auf der gewalttätigen Versklavung anderer. Sie haben sich einfach mehr angestrengt. Sie stammen womöglich aus einer Familie, deren Mitglieder sich seit Generationen anstrengen. Ihre Angehörigen waren offenbar geschäftstüchtiger oder talentierter oder risikofreudiger oder strebsamer oder aber sie hatten simpel mehr Glück. Aber dass die einen Glück, die anderen Unglück hätten, sei nicht beklagenswert, und man solle nur ja nichts tun, um in den zufälligen Lauf der Dinge einzugreifen – das wäre dann nämlich ungerecht, argumentieren Konservative in etwas gewöhnungsbedürftiger Logik. Denn noch in diesem reinen »Glück«, im radikalen »Zufall«, stecke »Gerechtigkeit«, weil ja ein unpersönlicher Marktmechanismus entscheidet. Tatsächlich wäre es ungerecht, argumentiert Friedrich August von Hayek, wenn die schroff ungleiche Verteilung von »Wohltaten und Lasten ... Resultat einer absichtlichen Zuteilung an bestimmte Leute wäre«[67]. Aber Ungleichheiten, für die quasi das Roulette sorgt, seien nicht ungerecht. Fasst man die Argumente zusammen, dann lauten sie etwa so: Glück ist zwar kein Verdienst, doch wenn man es hat, ist es nicht ungerecht, und abgesehen davon haben ohnehin alle Reichen ihren Wohlstand verdient. Würde man ihnen etwas nehmen, wäre das eine Art von Enteignung, und die Umverteilung würde logischerweise dazu führen, dass Menschen etwas bekommen, die es nicht verdienen. Darum ist eines der Lieblingsschlagworte der Konservativen »Meritokratie«. Es lautet, dass diejenigen vorankommen sollen, die es verdienen. Eine gerechte Gesellschaft zeichnet sich nicht dadurch aus, dass man Gleichheit unter Ungleichen herstellt, aber auch nicht dadurch, dass diejenigen viel Macht haben, denen sie in den Schoß gelegt wurde – etwa durch das Erbprinzip in Monarchie und Feudalismus. Der Fluchtpunkt des Arguments ist natürlich, dass eine freie marktwirtschaftliche Gesellschaft genau eine solche gerechte Meritokratie ist, dass also diejenigen, die viel haben und dadurch materielle, soziale und politische Macht konzentrieren, wohl diejenigen sind, die das verdienen. Jene Konservativen sehen sich etwas selbstanmaßend als die »Gruppe der Begabten«[68]. Dass ihr zukommt, was ihr gebührt, sei ein Gebot der Fairness, »das Talent wolle ans Licht« (Michael Walzer)[69]. Das Praktische an diesem Prinzip ist natürlich, dass der materielle Egoismus moralisch aufpoliert wird. Helmut Dubiel erinnert in dem Zusammenhang an die Beliebtheit der ›Rennbahnmetapher‹, mit der die Idee der Meritokratie von seiten ihrer Verteidiger oft illustriert wird«, das Bild von den Läufern, »die auf derselben Linie gestartet sind«.[70] Wer schneller vorwärtskommt, ist der Gewinner, das ist ja nur allzu gerecht. Die Lehre von der Meritokratie hat die leicht durchschaubare »ideologische Pointe, dass sie denen, die ohnehin das Privileg eines hohen Status und eines komfortablen Lebens besitzen, zusätzlich noch das Gefühl vermittelt, all das auch verdient zu haben«[71].

Konservative mit etwas mehr Wirklichkeitssinn sind durchaus bereit, die meritokratischen Prinzipien zu relativieren. Sie räumen ein, dass sich Privilegien und Benachteiligungen über lange Zeit hinweg, über den Lauf der Generationen, zu groben und nachhaltigen Startvorteilen und Startnachteilen entwickeln können; ja, dass das meritokratische Prinzip in jeder Generation neu herausgefordert wird. Denn selbst wenn totale Chancengleichheit herrschte, manche häuften einfach, weil sie geschickt und talentiert sind, mehr Reichtümer an und andere weniger, daher wäre diese Ungleichheit im Ergebnis von heute die Chancenungleichheit von morgen: Die Kinder der Gewinner von heute gingen eben nicht zeitgleich mit den Kindern der Verlierer über die Startlinie. Die Unterscheidung zwischen »Chancengleichheit« und »Ergebnisgleichheit« sei zwar modisch, aber letztlich »fiktiv«, wie der US-Ökonom Paul Krugman darlegt: »Eine Gesellschaft, in der die Ergebnisse sehr ungleich sind, ist mehr oder weniger unvermeidlich eine Gesellschaft, in der auch die Chancen sehr ungleich sind.«[72] Und da es in der realen Welt keine Chancengleichheit gibt, sondern nur Chancenungleichheiten, die sich über Generationen kumuliert haben und deren Ursprünge oft in Verhältnissen liegen, die selbst weltfremde Phantasten wie Robert Nozick als »illegitim« bezeichnen müssen, kann man auch mit der originellsten Verrenkung diese Verhältnisse kaum als »gerecht« hinstellen. Angesichts der unbestreitbaren ungleichen Ausgangsbedingungen sind »Gründe für Kompensationsmaßnahmen zur Beseitigung dieser Ungleichheiten«

durchaus stichhaltig, schreibt etwa Daniel Bell.[73] Aber wenn konservative Denker das einmal eingeräumt haben, gehen ihre Überlegungen natürlich nicht dahin, über möglichst kluge oder gerechte Maßnahmen dieser Art nachzudenken. Sofort versuchen sie nachzuweisen, warum solche Kompensationsmaßnahmen, mögen sie auch theoretisch gerecht sein, in der Praxis unnütz, kontraproduktiv und sogar ungerecht seien. Zunächst argumentieren sie, dass es für diejenigen, die schlechtere Startbedingungen haben, keineswegs ein Gewinn sei, wenn man ihnen unter die Arme greift: Zu erfolgreichen Individuen würden sie schließlich nur, wenn sie es aus eigener Kraft schaffen. Auch wenn andere nur aufgrund ihrer privilegierten Herkunft in der Lage gewesen sind, ihre Talente optimal zu entwickeln, bringe es für jene, die dazu eben nicht in der Lage waren, nichts, wenn man ihnen über ein paar Hürden hinweg hilft – dann würde ihrem Aufstieg immer ein Makel anhaften. Wirklich geschafft haben sie es nur, wenn sie ausschließlich aus eigener Tüchtigkeit hochkommen. Und das, so wird uns gesagt, ist ja gerade die Funktionalität der Ungleichheiten, dass sie zu Höchstleistungen anspornen, dass sie die Kreativität fördern. Nehme man dem Wettbewerb durch kompensatorische Maßnahmen den Schwung, werde dieser Impuls gestört – zum Nachteil aller. Zudem, fügen die Konservativen dann gern noch hinzu, komme bei all solchen Versuchen, mehr Gleichheit herzustellen, auch noch das Gesetz der unintendierten Nebenfolgen zum Tragen.

Deswegen führten alle Versuche der Weltverbesserung zur Weltverschlechterung. Konservative, erläutert der US-Soziologie Albert O. Hirschmann, haben dafür drei Thesen im Arsenal: die Sinnverkehrungsthese, die Vergeblichkeitsthese und die Gefährdungsthese. »Der *Sinnverkehrungsthese* zufolge dient alles absichtsvolle Handeln mit dem Ziel, bestimmte Gegebenheiten der politischen, sozialen oder ökonomischen Ordnung zu verbessern, nur zur Verschlimmerung der Lage, die man bessern wollte. Die *Vergeblichkeitsthese* besagt, dass alle Anstrengungen zur Umgestaltung der Gesellschaft umsonst sind, dass sie einfach ›nichts bewegen‹. Die *Gefährdungsthese* schließlich unterstellt, dass Reformvorhaben oder Veränderungen des bestehenden Zustands ... kostbare Errungenschaften gefährden, die ihnen vorausgegangen sind.«[74] Affirmative Action, also die behutsame Förderung von Menschen unterprivilegierter Schichten, führe nur dazu, dass deren Aufstieg abgewertet wird und sie sich nicht als Individuen, sondern ihren Gemeinschaften verpflichtet fühlen; Integration von Kindern aus bildungsfernen Schichten in gute Schulen führe nur dazu, dass deren Niveau sinkt; Förderung von Frauen im Berufsleben führe nur zum Sinken der Fertilitätsrate; die Einführung eines Mindestlohns führe entweder zum Bankrott von Firmen oder dazu, dass die teuren Mitarbeiter wegrationalisiert werden. »Sucht man nach Anschauungsmaterial dafür, dass die Folgen einer Maßnahme exakt beim Gegenteil dessen liegen können, was in der Absicht der Wohlmeinenden lag, die sich für sie eingesetzt haben, so lässt sich kein besseres Beispiel nennen, als das des gesetzlichen Mindestlohns«, erklärte etwa Milton Friedman, der Säulenheilige aller Neoliberalen.[75] Es gibt übrigens kaum einen stichhaltigen empirischen Beleg für diese These. Eine fortschrittliche Arbeitslosenversicherung führe nur dazu, dass Menschen Arbeiten nicht annehmen, von denen sie finden, sie seien unter ihrem Niveau – was nur zum Steigen der Arbeitslosigkeit beitrage. Eine Erhöhung der Steuersätze führe nur zu einem Boom bei der Steuerhinterziehung usw. Gewiss, nicht jedes dieser Exempel ist vollständig falsch. Aber es ist leicht einsichtig, was die Absicht einer solchen Argumentationsweise ist: die Verteidigung des Status quo. Dass alles exakt so bleibt, wie es ist. Dass die Reichen von heute auch die Reichen von morgen sind und die Armen von heute die Armen von morgen.

Tatsächlich kann man den Aufstieg der neuen Konservativen nicht verstehen, wenn man ihn nicht als Angriff auf das Gleichheitsideal deutet. Mit dem Aufbau von Wohlfahrtsstaaten im Westen wurden die Gesellschaften zunehmend »gleicher«. Auch die unteren Schichten wurden am Wohlstand beteiligt, und das ging nicht ohne Umverteilung von oben nach unten. Dies betrifft die Wohlfahrtsstaaten Europas in ähnlicher Weise wie die USA, die zwar nie zu einem vollständig ausgebauten Sozialstaat wurden, aber seit der Zeit des New Deal in den dreißiger Jahren bis in die siebziger Jahre die gleiche Richtung einschlugen. Doch seit dem Aufstieg des Neokonservativismus, von Thatcherismus und Reaganomics, geht die Schere wieder auf. Der Aufstieg eines aggressiven, kompromisslosen Konservativismus und das Wachstum der Ungleichheit gehen Hand in Hand. »In der modernen amerikanischen Geschichte gab es also zwei große Bögen – einen wirtschaftlichen Bogen von großer Ungleichheit zu relativer Gleichheit und zurück und einen politischen Bogen von extremer Polarisierung zur Zusammenarbeit beider Parteien und zurück«, schreibt der renommierte amerikanische Ökonom Paul Krugman in seinem jüngsten Buch.[76] Krugman schildert exemplarisch, wie dieser Konservativismus Amerika verändert hat: »In den letzten Jahren des Nachkriegsbooms war General Motors Amerikas größter privater Arbeitgeber, abgesehen von dem regulierten Telefonmonopol. Entsprechend gehörte der Chef zu den höchstbezahlten Managern Amerikas: Charles Johnson bezog 1969 ein Gehalt von 795 000 Dollar, rund 4,3 Millionen Dollar in heutigen Preisen – und dieses Gehalt löste beträchtliche Kritik aus. Aber die normalen GM-Mitarbeiter wurden ebenfalls gut bezahlt. Bei der Autoindustrie verdienten in der Produktion tätige Arbeiter 1969 im Durchschnitt fast 9 000 Dollar, was heute über 40 000 Dollar entspricht. GM-Mitarbeiter, die außerdem hervorragende Zusatzleistungen für Krankenversicherung und Altersversorgung erhielten, wurden voll und ganz der Mittelschicht zugerechnet.« Heute dagegen, fährt Krugman fort, »ist Wal-Mart mit 800 000 Angestellten Amerikas größter Arbeitgeber. Der Vorstandsvorsitzende Lee Scott erhielt 2005 fast 23 Millionen Dollar. Das ist mehr als das Fünffache von Charles Johnsons inflationsbereinigtem Gehalt, aber über die Vergütung von Mr. Scott hat man sich kaum aufgeregt, weil sie für den Chef eines Großunternehmens heutzutage nicht außergewöhnlich ist. Aufmerksamkeit erregen dagegen die Löhne, die die Mitarbeiter von Wal-Mart erhalten, weil sie selbst nach heutigen Maßstäben niedrig sind. Wal-Mart-Angestellte ohne Führungsfunktion erhalten im Durchschnitt 18 000 Dollar im Jahr, inflationsbereinigt weniger als die Hälfte dessen, was GM-Arbeiter vor 35 Jahren bekamen. Wal-Mart ist außerdem bekannt dafür, dass nur ein geringer Teil seiner Mitarbeiter Krankenversicherungszuschüsse erhält und dass diese Zuschüsse knausrig sind.«[77]

Im westlichen Europa ist, trotz wohlfahrtsstaatlicher Tradition, die Tendenz nicht sehr viel anders. Nur noch 15 Prozent der Deutschen sagen, dass es gerecht zugeht in ihrem Land. 82 Prozent der Deutschen halten die Einkommens- und Vermögensverteilung für ungerecht[78]. Und diese Meinung spiegelt ganz handfeste Wohlstandsverschiebungen wider. »Die Einkommen der ärmeren Schichten sind gegenüber dem Jahr 1992 preisbereinigt um 13 Prozent gesunken. Die Bezüge der Spitzenverdiener haben im selben Zeitrum um fast ein Drittel zugelegt«, schrieb unlängst der *Spiegel* in einer großen Titelgeschichte über »Die Gerechtigkeitslücke«. Früher zeigte die Grafik der Einkommensentwicklung zwei Linien, die parallel verliefen. Die obere Linie zeigte die Einkommensentwicklung der Wohlhabenden, die untere die der weniger Reichen. Sie strebten beide nach oben. Auch die Armen wurden reicher. Aber jetzt ist das anders: Während die Einkommenslinie der Begüterten steil nach oben weist, strebt die der ärmeren Schichten ähnlich steil nach unten.

Rund 40 Millionen Euro hat Porsche-Chef Wendelin Wiedeking im Geschäftsjahr 2007 verdient, das sind, geht man von 260 Arbeitstagen pro Jahr aus, was großzügig gerechnet ist, 160 000 Euro Tagesgage. Das ergibt einen Stundenlohn von 20 000 Euro. Im unteren Einkommenssegment sind Stundenlöhne von fünf, sechs Euro nicht unüblich. Und entgegen aller schönen Sonntagsreden ist es natürlich keineswegs »jedem« möglich, in die Sphäre der Einkommens-Celebrities unter den Manager-Stars vorzustoßen. In den 100 größten Unternehmen des Landes sind 80 Prozent der Stellen im Topmanagement mit Leuten besetzt, deren Eltern Unternehmer, Manager, hohe Beamte oder von Adel waren oder sind. »Das ist eine wirklich geschlossene Gesellschaft«, sagt der Darmstädter Soziologe Michael Hartmann, der sich seit Jahren mit dem Mythos von der »Leistungselite« befasst. Wer ärmer ist, muss früher sterben. Der durchschnittliche Kassenpatient hat eine Lebenserwartung von 77 Jahren, der Privatpatient kommt auf 84 Jahre. Ungleichheit tötet, so das Ergebnis einer Studie der Weltgesundheitsorganisation WHO: Ein Kind, das in einem Vorort von Glasgow zur Welt kommt, hat durchschnittlich eine um 28 Jahre geringere Lebenserwartung als ein Kind, das nur ein paar Kilometer entfernt in einem der Reichenviertel geboren wird. In Berlin variiert die Lebenserwartung von Bezirk zu Bezirk. Wer begütert ist, schickt seine Kinder wie vor hundert Jahren auf das Privatinternat. Spitäler, Schulen, Universitäten, Wohngegenden: Die alte Klassengesellschaft entsteht wieder, mit scharf voneinander abgegrenzten Parallelgesellschaften, die immer weniger miteinander zu tun haben.

Wer in der falschen Familie, in der falschen Gegend geboren ist, ist buchstäblich ein »geborener Verlierer«. In Deutschland »ist der Besuch des Gymnasiums für ein Kind des einkommensstärksten Viertels der Bevölkerung fast sechsmal so wahrscheinlich wie für ein Kind des einkommensschwächsten Viertels – bei nachgewiesen gleicher Leistung«, schreibt Karl Lauterbach, Bundestagsabgeordneter der deutschen Sozialdemokraten in seinem Buch »Der Zweiklassen Staat«.[79] Im Jahr 2000 war die Chance, dass ein Kind aus einer Beamtenfamilie ein Studium aufnimmt, zwanzigmal so hoch wie die Chance eines Arbeiterkindes. Die privilegiertesten drei Prozent der deutschen Familien stellen die Hälfte aller Doktoranden.[80] Das müsste nicht so sein, wie man in entwickelten Wohlfahrtsstaaten sehen kann: In Schweden werden die Kinder von Arbeitern fast genauso häufig Akademiker wie die Kinder von Akademikern.

Schon vor einigen Jahren konstatierte der Sozialwissenschaftler Richard Hauser eine Tendenzwende in der Reichtumsverteilung. Er analysierte die Bewegung der »Armutsquote«. Hauser: »Diese Quote ist zwischen 1962/63 und 1978 kontinuierlich zurückgegangen. ... Musste 1962 noch etwa jeder zehnte Bundesbürger mit weniger als der Hälfte des durchschnittlichen Nettoäquivalenzeinkommens auskommen, so war es 1978 nur mehr jeder Fünfzehnte ... bis sich Ende der siebziger, Anfang der achtziger Jahre die Entwicklung wieder umkehrte. 1988 erreichte die Armutsquote wieder 8,8 Prozent und lag damit deutlich über dem Wert von 1969, 1993 lag sie mit 10 Prozent sogar wieder auf dem Ausgangsniveau von 1962.«[81] Mittlerweile liegt der Wert sogar wieder deutlich höher. Laut offiziellem Armutsbericht der Bundesregierung gelten 13 Prozent der Bundesbürger als arm. In Österreich sieht die Sache nicht viel anders aus: »Die Ungleichheit der Einkommen ist erstaunlich hoch. Sie hat zudem in den letzten Jahrzehnten deutlich zugenommen«, schreibt der Wirtschaftsforscher Markus Marterbauer: »Laut Lohnsteuerdaten entfielen im Jahr 2003 auf das unterste Fünftel in der Einkommensverteilung 2,3 Prozent der Einkommen und auf das zweitunterste Fünftel 9,7 Prozent. (...) Auf das oberste Fünftel der Einkommensverteilung entfielen im Jahr 2003 46 Prozent der gesamten Lohneinkommen.«[82] Dabei berücksichtigen diese Statistiken noch nicht einmal die Einkommen durch Vermögen – über die gibt es in Österreich nämlich keine brauchbaren Statistiken. Aber es kann auch ohne genaue Daten angenommen werden, dass das Gros der Vermögen – seien es Finanzvermögen, seien es Wohnungen, Häuser, Grundeigentum – eher den Begüterten gehört als den Niedrigverdienern.

In allen westlichen Industrieländern, resümiert der Historiker Paul Nolte, »hat sich der Trend zu einer immer egalitäreren Einkommensverteilung seit den achtziger Jahren markant umgekehrt«. Das Verächtlichmachen der Gleichheit, zentrales argumentatives Ziel der Neukonservativen, war also ein voller Erfolg.

Die Einschätzung der Gleichheit ist das wesentliche Unterscheidungskriterium zwischen »Rechts« und »Links«, zwischen Konservativen und Progressiven. Wir haben in unserem Tour d'Horizon schon einige Differenzen zwischen den politischen Weltanschauungen kennengelernt, letztendlich ist aber keine so markant wie die Frage: Wie hältst du es mit der Gleichheit? Die Konservativen sehen die Gesellschaft als hierarchische Ordnung mit einer Elite an der Spitze, der »Eigenschaften zugeschrieben werden, die für die Rechtfertigung ihrer Macht eine Rolle spielen« (Ted Honderich).[83] Wo immer gesellschaftliche Probleme auftreten, neigen sie nahezu reflexartig dazu, dem Mangel an Elitedenken die Schuld zu geben. Wenn das Bildungssystem krankt, dann wollen sie Eliteförderung – als würde dies die Ausbildungschancen für die große Mehrzahl der Gesellschaft verbessern. Wenn der Wirtschaftsmotor stottert, dann sind sie sicher, dass die Anreize und Belohnungssysteme für die »Tüchtigen« nicht gut genug funktionieren. Kurzum: Eine in Macht, Einkommen und Chancen scharf different strukturierte Gesellschaft ist in ihren Augen gerechter und funktionstüchtiger. Progressive dagegen sind Egalitarier. Das heißt nicht, dass sie eine Gesellschaft anstreben, »in der alle Individuen in allem gleich sind«, bemerkte der italienische Philosoph Norberto Bobbio in seiner berühmten Studie »Rechts und Links«, aber dass sie danach streben, »die Ungleichen etwas gleicher werden zu lassen«[84]. Bobbio: »Der Egalitarier geht von der Überzeugung aus, dass der größte Teil der Ungleichheiten, die ihn empören und die er verschwinden lassen möchte, sozialer

Art und als solche auch ausmerzbar sind.«[85] Auch wenn Progressive nicht alle Ungleichheiten einebnen wollen, so war »das Ideal der Gleichheit immer der Polarstern« für die Linke, »den sie angeschaut hat und weiterhin anschaut«[86].

Dass der Frontalangriff der Gleichheitsfeinde in den vergangenen fünfundzwanzig Jahren so erfolgreich sein konnte, ist erstaunlich. Denn grundsätzlich ist das Gleichheitsideal allgemein anerkannt. Die allermeisten Menschen wollen nicht ungleich behandelt werden und haben einen wachen Instinkt für Ungerechtigkeiten. Der russisch-britische Philosoph Isaiah Berlin hat das vor vielen Jahren mit einer eindringlichen Metapher illustriert: »Die Behauptung ist, dass Gleichheit keiner Rechtfertigung bedarf. Wenn ich einen Kuchen besitze und es zehn Personen gibt, unter denen ich aufteilen will, dann entsteht nicht automatisch ein Rechtfertigungsbedarf, wenn ich jeder Person einen Zehntel des Kuchens zukommen lasse. Wenn ich jedoch von diesem Grundsatz der Gleichverteilung abrücke, wird von mir erwartet, besondere Gründe dafür anzugeben.« Dabei lässt sich ungleiche Verteilung durchaus rechtfertigen: Der kräftige Papa soll mehr bekommen, weil er mehr körperliche Arbeit vollbringt, mehr für die Familie leistet; oder, umgekehrt, dem schwächsten Mitglied der Tischgesellschaft gebührt ein besonders großes Stück, damit es zu Kräften kommt. Aber für die Ungleichverteilung braucht es eben besondere Argumente – für die Gleichverteilung nicht. Dass sie gerecht ist, versteht sich von selbst.

Zwar lässt sich nur schwer behaupten, dass das Gleichheitsideal an Überzeugungskraft verloren hat. Eher das Gegenteil ist der Fall: Vor hundert, zweihundert Jahren, als die Menschen noch in ihren traditionellen Gesellschaften lebten, mit Königen, Fürsten, Aristokraten oben, den einfachen Leuten unten, waren die Bürger seit Generationen darauf trainiert, diese Ordnung anzuerkennen. Es kam zwar zu Rebellionen und Revolutionen, wenn die Lage der Unterprivilegierten allzu drückend war, aber generell wurde die hierarchische Ordnung respektiert. Heute ist das nicht mehr der Fall. »Meiner Ansicht nach«, schreibt etwa die Londoner Philosophieprofessorin Anne Phillips, »ist den Menschen die Frage der Gleichheit eher wichtiger geworden. Sie bestehen nachdrücklicher darauf, als Gleiche behandelt zu werden (›Wieso glaubt er, etwas besseres zu sein als ich?‹; ›Woher nimmt er das Recht, mir sagen zu wollen, was ich zu tun habe?‹), sie sind weniger bereit, eine untergeordnete Position zu akzeptieren.«[87]

Dennoch ist »Gleichheit« verpönt. Schon das Wort sorgt heute für einen seltsamen Widerwillen. Klar: Differenz ist spannend, Gleichheit fad. Mainstream, also genauso wie die anderen, will keiner sein, jeder pocht auf seine Einzigartigkeit als Subjekt. Nicht nur die westeuropäischen Sozialdemokratien haben ihr Gleichheitsideal deshalb verschämt in den Keller geräumt, auch unter hipperen Progressiven hat die Gleichheit einen schlechten Stand: Im weiten Feld unorthodoxer Gesellschaftskritik, der Blase aus Postmarxisten, Kulturlinken und postmodernen Diskursjockeys, beschäftigt man sich seit zwanzig Jahren vornehmlich mit Phänomenen von Differenz, Culture Jam, mit Gender und distinkten Identitäten, dem Zusammenprall und auch der fröhlichen Vermischung von Unterschiedlichkeiten. Der Verteidigung des Gleichheitsideals ist das nicht nur förderlich, auch wenn in diesen Kreisen natürlich der Fluchtpunkt der Differenzkultur lautet, dass allen in ihrer Unterschiedlichkeit gleicher Respekt gebührt. Aber auch in diesen Milieus ist man durchaus empfänglich für das Argument, dass das Gleichheitsprinzip in einer Spannung zum Freiheitsprinzip steht: der Freiheit, seine Differenz leben zu dürfen, ohne in ein Gehäuse der Konformität gepresst zu werden. Die zeitgenössischen Debatten, die die avancierte Sozialwissenschaft über »Gerechtigkeit« führt, nehmen diese Probleme auf und versuchen Gerechtigkeitsprinzipien zu formulieren, die dies in Rechnung stellen. Gerecht sei eine Gesellschaft, die allen ein gutes Leben garantiert, unabhängig davon, wie dieses Leben in Relation zu anderen Leben steht, lautet ein solches Prinzip. Ungleichheit sei dann zu rechtfertigen, so das berühmte »Differenzprinzip« des Sozialphilosophen John Rawls, wenn sie die absolute Position der am schlechtesten Gestellten anhebt. Also: Wenn mehr Gleichheit die Reichen ärmer, die Armen aber nicht reicher machte, dann muss die Ungleichheit favorisiert werden. Sehr modern ist auch folgende These: Die Ungleichheiten der Startchancen, so eine neuerdings unverzichtbare Wendung in sozialdemokratischen Sonntagsreden, sollten ausgeräumt werden, und zwar so weit wie möglich ohne Ungleichheiten im Ergebnis nachträglich zu korrigieren. Einfach deshalb, weil die nachträgliche Bekämpfung der Ungleichheit nur durch Umverteilung zu haben sei und die stoße nicht nur auf den Widerstand der Begüterten, sie demotiviere die Erfolgreichen, motiviere aber die Erfolglosen nicht, etwas gegen ihre Lage zu unternehmen, da sie ja ohnehin mit sozialstaatlichen Transferleistungen bedacht werden. »Begrenzte Ungleichheit« solle akzeptiert werden, oder, anders gesagt, es gehe um »komplexe Gleichheit«, so der Sozialphilosoph Michael Walzer, denn schließlich könne und wolle man die Menschen nicht nur in einem existenziellen Sinn nicht gleich machen, man müsse auch von ungleichen Präferenzen, von einer Differenz in der Lebensphilosophie ausgehen, und die führe ja nicht nur zu unterschiedlichen Charaktereigenschaften, sondern auch zu einer distinkten Einkommenssituation. Soweit die von den Menschen bewusst gewählt sei, könne man sie schwer als ungerecht kritisieren. Kurzum: »Die Gerechtigkeitskultur ist so kompliziert wie das Leben selbst« (Angelika Krebs).[88]

Im Gleichheitsideal der Progressiven gibt es also ebenso wie im Ungleichheitsprinzip der Konservativen eine ganze Reihe von Widersprüchlichkeiten. Die Progressiven sind für Gleichheit, aber auch für Respekt vor der Differenz, die Konservativen für Ungleichheit und fordern gleichzeitig die Assimilation von Einwanderern an die »Leitkultur« der Mehrheitsgesellschaft. Man könnte in beide Richtungen fragen: Wie, verdammt noch mal, geht das zusammen? Dennoch scheint mir das Egalitätsprinzip in jeder Hinsicht tragfähiger. Zunächst ist es ein moralischer Wert, was vor dem Hintergrund des konservativen Insistierens auf die »Werteorientierung« nicht unerheblich ist. Wie denn, bitte schön, könne man die Ungleichheit mit dem zynischen Hinweis auf ihre soziale Funktionalität oder auf den Umstand, dass sie einfach nicht auszurotten sei, mit dieser Werteorientierung verbinden? Wenn man sich als von Werten geleitet versteht, dann muss man an einem moralischen Prinzip doch wohl auch festhalten, selbst wenn es sich in der sozialen Wirklichkeit manchmal als schwierig zu realisieren erweist. Zynismus oder der kühle Hinweis auf die »Realität« passt kaum zum Wertejargon. Es zeigt sich auch hier wieder einmal das taktische Verhältnis der Konservativen zu »Werten«, die sie nur solange hochhalten, wie sie ihnen nützen. Also, damit das nicht in Vergessenheit gerät: Die Gleichheit, zumindest die weitgehende Gleichheit elementarer Lebenschancen, ist ein hoher ethischer Wert, der nicht so schnell am Altar der Nützlichkeit geopfert werden kann.

Aber sie ist mehr als das: Denn die Ungleichheit ist, anders als die konservativen Prediger uns Glauben machen wollen, keineswegs nützlich. Relative Gleichheit hat sich historisch als durchaus funktional erwiesen – funktionaler als grobe Ungleichheiten. Seinerzeit, als die Ungleichheiten nach und nach geringer wurden, entstand ein breiter Mittelstand, konnten Familien ihren Kindern eine bessere Ausbildung garantieren, als sie sie selber genießen durften, es wuchs die gesellschaftliche Nachfrage nach Gütern, es stiegen die Fertigkeiten der breiten Masse, was sich als Voraussetzung für eine wissensbasierte Ökonomie erwies. Resultat: Die Wirtschaft brummte, die Wachstumsraten waren kontinuierlich stabil. Niedrige Löhne für die Schwachen, sinkende Steuern für die Reichen und die Unternehmen führen eben nicht zu mehr Prosperität, sondern erzeugen soziale Kosten. Gerade relative Gleichheit ist die Voraussetzung für die Mobilität, die dynamische Gemeinwesen benötigen. Ein Mindestmaß an sozialer Sicherheit und Teilhabe am Reichtum ist Voraussetzung dafür, dass jemand Risiken eingehen oder einfach seine Talente entwickeln kann, argumentiert der französische Sozialwissenschaftler Robert Castel: »Kann ein Arbeiter, von dem man Flexibilität erwartet, vielseitige Einsatzbereitschaft, Verantwortungsbewusstsein, Eigeninitiative und die Fähigkeit, sich ständig an Veränderungen anzupassen, all dies ohne ein Mindestmaß an Absicherung überhaupt leisten?«[89] Die Erosion des Wohlfahrtsstaates und die Ausbreitung von prekären Lebenssituationen führt eben nicht zu »weniger Kollektivismus« und »mehr Individualismus«, wie uns die neuen Konservativen Glauben machen wollen. Und umgekehrt war der Sozialstaat die Vorbedingung für die zeitgenössische Individualisierung, wenn man so will, für eine »Massenindividualität«, wie Robert Castel in Anlehnung an Marcel Gauchet ausführt: »So wie der klassische Wohlfahrtsstaat einen Klassenkompromiss bewerkstelligt, genauso treibt er zugleich auch die Individualisierung voran. Wenn man die Individuen mit einem so vorzüglichen Fallschirm ausstattet, wie ihn die Gewissheit der Fürsorge darstellt, dann ermöglicht man ihnen, sich in allen erdenklichen Lebenssituationen von den Gemeinschaften, allen möglichen Zugehörigkeiten, angefangen bei den elementaren Solidaritäten der Nachbarschaft, abzunabeln; aufgrund der Sozialversicherung habe ich ja die Hilfe meines Treppennachbarn nicht mehr nötig. Der Wohlfahrtsstatt ist ein mächtiger Faktor des Individualismus.«[90] Es ist, fügt Castel hinzu, durchaus »paradox. ... Man lebt und erlebt seine eigene Individualität um so leichter, wenn sie sich auf objektive Ressourcen und kollektive Sicherheiten stützt.«[91]

Staatliche Maßnahmen, die den Schwachen helfen, und eine egalitäre Kultur führen nicht zu weniger Individualismus, sondern zu mehr, und sie führen auch nicht zu weniger Wohlstand, wie die Konservativen meinen, sondern zu mehr. Gute Schulen, die die Ungleichheit nicht reproduzieren, sondern die ungerechte Chancenverteilung auszugleichen versuchen, heben das allgemeine Bildungsniveau – das haben alle Pisa-Studien gezeigt, deshalb liegen die skandinavischen Länder, allen voran Finnland, an der Spitze des Bildungs-Rankings. Investitionen in Schulen und in qualitativ hochstehende Kindergärten gleichen nicht nur Ungerechtigkeiten aus, sondern haben gesamtgesellschaftlich positive Auswirkungen. »Gute Sozialpolitik fängt mit Babys an«, sagt daher der dänische Soziologe Gösta Esping-Andersen, wahrscheinlich der beste Kenner der europäischen Wohlfahrtssysteme. »Kinder, die in der Familie nicht gefördert werden, keine kognitive Basis bilden, haben praktisch keine Chance. Wenn wir also in einer Wissensgesellschaft leben, müssen wir entschieden mehr in die Kinder investieren, wenn wir nicht grobe Ungleichheiten ernten wollen.« Esping-Andersen: »Deswegen sind die skandinavischen Länder so gut – weil Kinder nicht mit so großen Nachteilen ins Leben starten, gibt es ein sehr hohes allgemeines Niveau bei den späteren Bildungsleistungen und deswegen auch hochqualifizierte Arbeitnehmer.«

Dass Firmen wie Volvo, Nokia und Ikea am Weltmarkt derart bestehen können, ist die Folge davon.

Es ist doch eigentlich ganz einfach und man fragt sich, warum Konservative das nicht verstehen können: In einer Gesellschaft mit einem schwachen Staat, in der Ungleichheiten akzeptiert werden, wird auch akzeptiert, dass ein Teil der Gesellschaft nicht mitkommt – weil man annimmt, dass die Armen eben selbst an ihrer Armut schuld sind und ihr Geschick niemanden etwas angeht. In einer solchen Gesellschaft werden Talente vergeudet. Nichtsdestoweniger insinuieren durchgeknallte Konservative, wie etwa ein Kommentator der Wiener Tageszeitung *Die Presse* allen Ernstes, es sei keineswegs klar, ob die skandinavischen Staaten wirklich *wegen* und nicht *trotz* ihres egalitären Bildungsideals alle Pisa-Ranglisten anführen.

Totale Gleichheit der Einkommen ist nicht möglich, und die meisten Menschen halten sie wahrscheinlich auch nicht für erstrebenswert. Aber eine mindestens ebenso große Mehrheit hält dramatische Einkommensunterschiede für verwerflich. Alle Erfahrung zeigt zudem, »dass ein höherer Grad an Ungleichheit« für wirtschaftliches Wachstum »ungünstiger ist als ein geringerer Grad an Ungleichheit«, wie der amerikanische Autor und Politikwissenschaftler Philip Green schreibt.[92] Oder, um das in den Worten des großen amerikanischen Präsidenten Franklin D. Roosevelt zu sagen: »Dass rücksichtsloser Egoismus in moralischer Hinsicht falsch ist, wussten wir schon; jetzt wissen wir, dass er auch in wirtschaftlicher Hinsicht falsch ist.«[93]

Gewiss braucht es auch ökonomische Anreize – und damit ökonomische Differenzen –, um Menschen zu überdurchschnittlichen Leistungen zu motivieren. Aber abgesehen davon, dass die Performance vieler »Höchstleister« wie Fonds- und Firmenmanager in der jüngsten Zeit durchaus die Frage aufwirft, worin deren »überdurchschnittliche Leistung« genau besteht, ist ja durchaus auch diskussionswürdig, welche ökonomischen Anreize als ausreichend angesehen werden können: Dass jemand das Dreißigfache des Durchschnittsarbeiters verdient? Oder das Dreihundertfache? Oder das Dreitausendfache? Und warum wird das Zauberwort der ökonomischen Anreize immer nur auf die Reichen und Superreichen gemünzt? Mit gleichem Recht könnte man doch argumentieren, um die Unterschichten zu »motivieren«, aus ihrer Lage herauszukommen, müsste man die Löhne erhöhen oder für sie ein spezielles Prämiensystem einführen. Aber was macht man stattdessen? Man hält sie auf Hartz-IV-Niveau, was zu wenig zum Leben und zu viel zum Sterben ist, und erfindet immer neue giftige Maßregeln, um ihnen ihr Leben so schwer wie möglich zu machen. Man »reformiert« die Sozialsysteme, was meist heißt: Man kürzt die Einkommen der Schwächsten, um sie zur Aufnahme von Arbeit zu »motivieren«. Offenbar gibt es für die Neukonservativen zwei diametral unterschiedliche Menschenschläge: Bei den einen muss man die Einkommen exorbitant erhöhen, um sie weiter zu motivieren (bei den Managern, den Spitzenverdienern), bei den anderen muss man sie senken, um sie zu motivieren (den Niedrigverdienern, den von Wohlfahrtssystemen Abhängigen). Es ist, als würde ein Pferdetrainer seine Tiere wie folgt dressieren: Die dicken, fetten Pferde bekommen ein Stück Zucker, wenn sie über ein Hindernis springen, den dünnen, klapprigen werden die letzten Zuckerkrümel weggenommen, in der Annahme, dann würden sie von selber springen.

Eine durchaus eigenwillige Dressurtechnik, bei der man wohl sehr ernste Fragen nach dem Geisteszustand des Trainers stellen würde.

»Die Höhe der Sozialleistungen bestimmt, ab welchem Lohn ein Mensch bereit ist zu arbeiten«, proklamiert etwa Thomas Straubhaar, Chefideologe des Hamburgischen WeltWirtschaftsInstituts und fordert deshalb, den Hartz-IV-Regelsatz zu senken. Sein Argument: »Der Anreiz, arbeiten zu gehen, wäre stärker.« Vielleicht sollte man einmal damit beginnen, Straubhaars Salär zu kürzen, möglicherweise wäre er dann motivierter, anständige Arbeit abzuliefern. Das Institut, dem er vorsteht und das früher als »Hamburgisches Welt-Wirtschafts-Archiv« bekannt war, bekommt wegen katastrophaler Evaluierungsergebnisse seit 2006 keine öffentlichen Förderungen mehr. Die »Forschungseinrichtung« wird jetzt nur mehr von Banken finanziert.

Dabei verhalten sich, nimmt man für einen Augenblick das Modell des rationalen Homo Oeconomicus ernst, die Unterprivilegierten durchaus »vernünftig«, wenn sie sich nicht anstrengen. (Und auch Menschen wie Straubhaar, weil sie wissen, dass sie, egal wie miserabel ihre Performance ist, immer auf die Butterseite fallen werden.) Denn sie wissen, ihre ökonomischen Aussichten sind miserabel. Aber wenn man das weiß, wenn man weiß, selbst wenn ich mich anstrenge, ist die Wahrscheinlichkeit, es zu etwas zu bringen, verschwindend gering, dann werde ich mein Verhalten an diese Aussichten anpassen – denn Menschen entwickeln auch ein »realistisches Verhältnis« zu ökonomischen Anreizen. Dann werde ich aus meinem Leben nicht sehr viel machen. Und dann wird auch mein Beitrag zum allgemeinen Wohlstand einer Gesellschaft ein geringerer sein.

Das ist gewiss etwas holzschnittartig gedacht, weil der wirkliche Mensch nicht nur »Homo Oeconomicus« ist, aber zumindest eines ist klar: Wer gute Aussichten hat, seine Lebensbedingungen merkbar zu verbessern, wird sich mehr engagieren als jemand, der keine so guten Aussichten hat. Wenn wir es zulassen und akzeptieren, dass sich wieder eine breite Unterschicht bildet, die von der Teilhabe am Wohlstand ausgeschlossen ist, die regelrecht »befallen« (Robert Castel) ist vom Virus chronischer Aussichtslosigkeit und kaum eine Chance hat, in den Mittelstand aufzusteigen, ist das demotivierend für die Menschen. Sind die Aussichten auf gesellschaftlichen

Aufstieg aber günstig, wie das während der Nachkriegsjahre bis zum Ende der siebziger Jahre der Fall war, werden sich die Menschen auch engagieren.

Ungleichheit schadet also. Wenn viele Menschen nur geringe Lebenschancen haben, hat das negative Auswirkungen – auf diese Menschen, aber auch auf uns alle. 8,2 Prozent der deutschen Kinder werden ohne Schulabschluss auf den Arbeitsmarkt geschickt, weil kaum etwas dafür getan wird, die Chancen der Unterprivilegierten zu erhöhen. Weil es nicht genug Kindertagesstätten gibt, werden weniger Kinder geboren und es sind deutlich weniger Frauen erwerbstätig, als möglich wäre. Würde man energische Maßnahmen einleiten, um diese Ungerechtigkeiten zu beheben, Deutschland würde nicht nur gerechter – das Bruttosozialprodukt läge wohl um hundert oder zweihundert Milliarden Euro höher. Mehr Menschen könnten einen qualifizierten Job ausüben und weniger Niedrigqualifizierte wären arbeitslos und ohne realistische Aussicht auf ein Auskommen. Damit wären auch andere Probleme leichter lösbar: Die Finanzierung der Gesundheits- und Rentenkassen wäre leichter, weil es mehr Beitragszahler gäbe. Gleiche und gerechte Chancen für alle nützen also fast allen – auch jenen, denen es heute noch relativ besser geht. An der Aufrechterhaltung des Status quo haben eigentlich nur jene Spitzen der Gesellschaft ein Interesse, deren Privilegien ihnen heute Macht und Einfluss garantieren sowie einen Reichtum, der von keinen Aufsteigern »von unten« gefährdet wird.

Und noch etwas: Die Gleichheit ist nicht der Antipode der Freiheit, sondern ihr Zwilling. Die vielbeschworene »Optionen- und Risikogesellschaft« bedeutet in der Realität: Optionen für die einen, Risiko für die anderen. »Freiheit« unter den Bedingungen von grober Ungleichheit heißt Freiheit für die Begüterten, aber Optionenmangel für die Unterprivilegierten. Dass eine egalitäre Gesellschaft nur auf Kosten der »Freiheit« zu haben ist, ist vielleicht die allergrößte Lüge der neuen Konservativen. Gleichheit heißt nämlich, dass alle die »Freiheit« haben, aus ihrem Leben etwas zu machen. Und Ungleichheit hat freiheitseinschränkende Wirkungen für die Unbegüterten, weil eklatanter materieller Mangel mit eklatantem Mangel an Optionen einhergeht.[94] »Nichts versagt dem einzelnen so radikal jegliche Entfaltungsmöglichkeit wie die völlige Mittellosigkeit oder beeinträchtigt sie so sehr wie relative Einkommensarmut«[95], schrieb der große amerikanische Ökonom John Kenneth Galbraight.

Und gegen diese freiheitseinschränkenden »Nebenwirkungen« des Mangels helfen weder Arzt noch Apotheker.

4. Der Unternehmer als Held

Warum die neuen Konservativen glauben,
dass ein Kampf jeder gegen jeden tobt und nur
die Starken gewinnen. Und warum die wirkliche Welt
ganz anders funktioniert.

Für allzu viel Heroismus bleibt im fortgeschrittenen, liberalen Kapitalismus kaum ein Platz. Es gibt keine weißen Flecken auf der Landkarte mehr, zu denen man auf riskante Entdeckungsreisen aufbrechen kann. Die elementaren Kriegerfiguren, ob Ritter oder Eroberer, gehören hoffnungslos vergangenen Zeiten an. Längst ist es aus der Mode gekommen, sich um Frauen zu duellieren. Wer große Reichtümer anhäufen will, kann mit Raubzügen starten, besser aber ist es, mit einem Kurs in Buchführung zu beginnen und auf geschicktes Marketing zu setzen. Und was die politische Ordnung betrifft, so zählt in der Demokratie nicht der heroische Führer, es entscheidet die Masse der Wähler, und die wählt, wie Konservative seit Jahr und Tag beklagen, nicht »den Besten«, sondern oft auch mediokre Gestalten, die ihnen Honig ums Maul schmieren. Schlechte Zeiten für das Heldentum, an das Abenteurertum bleibt nur eine blasse Erinnerung zwischen den Zahlenreihen im Büro. Das zeitgenössische Heldentum ist das Maulheldentum.

Dennoch hat die bürgerliche Welt ihre Heldengestalt: den Unternehmer. Er ist es, der Neues entdeckt und Kontinente erobert, der sich über das Mittelmaß erhebt, der das Unmögliche wagt und Risiken eingeht. Gerade in den vergangenen beiden Jahrzehnten, in denen viel von »Innovation« und vom »ökonomischen Wandel« die Rede ist, in denen aber von konservativer Seite auch mit einer gewissen Herablassung die »Vollkaskomentalität« bemäkelt wird, die sich in den modernen Wohlfahrtsstaaten angeblich breitgemacht habe, wird der Unternehmer zu einer Art »Held der Wirtschaft« stilisiert.

Und so wurde ein Ökonom wieder entdeckt, der lange Zeit fast ausschließlich nur in Expertenkreisen rezipiert worden war: der österreichische Volkswirt Joseph Schumpeter. Schumpeter kam am 8. Februar 1883 im mährischen Triesch als Sohn eines Tuchfabrikanten zur Welt. Es ist eine der ironischen Koinzidenzen der Geschichte, dass in jenem harten Winter Karl Marx in seinem Haus in London saß, mit Kehlkopfentzündung, Bronchitis, Schweißausbrüchen und sich auch noch ein Lungenabszess dazu schlug. Schumpeter wurde geboren, als Karl Marx starb. Hatte Marx die Pfennigfuchserei und das Krämerische des kapitalistischen Gewinnstrebens analysiert, so sollte Schumpeter eine Arie auf den kapitalistischen Unternehmer singen. Zugegeben, das ist jetzt etwas holzschnittmäßig formuliert, hatte doch auch Marx die zivilisatorischen Errungenschaften der kapitalistischen Epoche durchaus emphatisch besungen: »Die fortwährende Umwälzung der Produktion, die ununterbrochene Erschütterung aller gesellschaftlichen Zustände, die ewige Unsicherheit und Bewegung zeichnet die Bourgeoisieepoche vor allen anderen aus. Alle festen, eingerosteten Verhältnisse mit ihrem Gefolge von altehrwürdigen Vorstellungen und Anschauungen werden aufgelöst, alle neugebildeten veralten, ehe sie verknöchern können. Alles Ständische und Stehende verdampft, alles Heilige wird entweiht. ... Die Bourgeoisie reißt durch die rasche Verbesserung aller Produktionsinstrumente, durch die unendlich erleichterten Kommunikationen alle, auch die barbarischsten Nationen in die Zivilisation.«[96]

Schumpeter richtet seinen Blick auf den, der all das bewerkstelligt. Hatte Marx den Unternehmer als »Charaktermaske«, als Ausdruck seiner Zeit und somit als durchaus uninteressantes Individuum gesehen, das sich einfach der ökonomischen Rationalität seiner Epoche entsprechend verhält, so faszinierte Schumpeter »der Unternehmer«. Dem Kapitalismus mag das »unternehmerische Denken« angemessen sein, dennoch seien nur wenige Menschen zu dieser Unternehmer-Mentalität fähig, meinte Schumpeter. Sein Unternehmer ist ein Held: »Wo andere vor Unbekanntem zurückweichen, macht er sich daran, neue Wege zu beschreiten«, fasst Annette Schäfer in ihrer Schumpeter-Biographie die Lehre des Ökonomen zusammen.[97] »Die fehlenden Informationen und Erfahrungen gleicht er durch seine Intuition und den Blick für das Wesentliche aus.« Was ihn charakterisiert, ist »sein starker Wille, seine überdurchschnittliche Energie«. Eine Reihe von Antrieben, so Schumpeter, zeichnen den Unternehmer aus: Der »Traum und der Wille, ein privates Reich zu gründen«, aber auch die Neigung, »wirtschaftliches Handeln als Sport« zu sehen, der Freude am Erfolg des Erfolges wegen. Weiters: Die »Freude am Gestalten und am Tun«, die kreative Ader, die Risiko und Veränderung liebt.

Der Unternehmer, so Schumpeter, ist ein »Neuerer«. Er schafft, vielleicht nicht ex nihilo, aber er ist ein Weltschöpfer, so wie die Reichsgründer früherer Zeiten. Es geht beim Unternehmer nicht um die neuen Ideen, sondern darum, die neuen Ideen in die Wirklichkeit umzusetzen. »Der Erfinder bringt Ideen hervor; der Unternehmer ›setzt Taten‹.«[98] Die ganze Wirtschaftsgeschichte des Kapitalismus, schreibt Schumpeter, »wäre eine andere, wenn neue Ideen sofort und reibungslos von all jenen Unternehmungen gleichsam selbstverständlich übernommen worden wären, für deren Geschäftserfolg sie von Bedeutung waren. Dies war aber nicht der Fall. In den meisten Fällen ist es nur ein einzelner oder sind es nur einige wenige, die die neuen Möglichkeiten erkennen.«[99] Der Unternehmer gerät für Schumpeter gewissermaßen zur Führerfigur einer Ära, in der das Heldentum durch den Geschäftssinn ersetzt wurde. Was den Unternehmer von den zum Unternehmertum weniger Befähigten unterscheidet, ist die »Scheidung zwischen Führern und Geführten«, die letztlich »auf Unterschieden der individuellen Befähigungen beruht, wobei das Gewicht erst in zweiter Linie auf intellektuellen Eigenschaften (Weite des Gesichtskreises, ›Aufgewecktheit‹ usw.), in erster Linie jedoch auf Willenseigenschaften liegt. ... Das Wesen der Führerschaft ist Initiative.«[100]

Schumpeters Theorie des Unternehmers, die nicht leicht von einer Liebeserklärung zu unterscheiden ist, erklärt, wie Innovation entsteht. Gewiss ist sein Theorem nicht Ökonomie in einem engen Sinne, eher ökonomische

Essayistik, es stützt sich auf Psychologie, es analysiert einen Menschenschlag, der den Innovationsprozess im Gang hält. Mag der Kapitalismus auch ein »System« sein, eine prozessierende Wirtschaftsordnung, auf deren Lauf die einzelnen Subjekte nur bedingt Einfluss haben, so könnte diese Ordnung doch nicht ohne einen solchen Typus funktionieren. »Zuversichtlich außerhalb der vertrauten Fahrrinne zu navigieren und Widerstand zu überwinden, verlangt Fähigkeiten, die nur in einem kleinen Teil der Bevölkerung vorhanden sind«, schreibt Schumpeter in seinem späten, populären Werk »Kapitalismus, Sozialismus und Demokratie«.[101] Dieser Menschentypus vollbringt das, was charakteristisch ist am Kapitalismus: die beständige Mutation, die Abfolge ökonomischer und industrieller Revolutionen, die stetige Umwälzung des heute Bewährten, das morgen schon wieder veraltet wäre. Dieses Wesentliche, schrieb Schumpeter in einer Wendung, die bald zu einer geflügelten Formel werden sollte, sei der »Prozess der ›schöpferischen Zerstörung‹«.[102]

Schumpeter war ein seltsamer Liberaler, der sich mal mit den Sozialisten, mal mit den Konservativen zusammentat und den vor allem eines auszeichnete: stetiger unternehmerischer Misserfolg, wenn er sich selbst als Entrepreneur versuchte. Seine Mutter hatte ihn auf das Theresianum in Wien geschickt, eine Kaderschmiede, die vor allem von Kindern aus aristokratischem Haus besucht wurde und in der der kleine Joseph ein Fremdkörper blieb, einer, der sich immerzu beweisen musste, einer, der nicht dazu gehörte. Leistung, Erfolg, Umzug, Aufstieg, Erfolgswille und gegen den Strom schwimmen

– das kennzeichnete Schumpeters Leben. Und so ist auch sein Entrepreneur »ein von Ehrgeiz und Gestaltungslust Getriebener, ... ein Querdenker und Provokateur«.[103] Schumpeter war gewiss ein origineller Kopf und seine Beobachtungen über die Mentalität des unternehmerischen Typus sind durchaus hellsichtig und nicht von der Hand zu weisen. Aber Theorien führen ein eigenes Leben. Sie emanzipieren sich von ihren Autoren, vor allem dann, wenn sie in den politischen Weltanschauungsstreit einsickern. Und so ist das auch mit Schumpeters Gedanken über den Unternehmer. Die neuen Konservativen haben Schumpeter für sich entdeckt, weil ihnen seine Gedanken nützlich waren. Sie wollen das wohlfahrtsstaatliche System zerstören, dabei ist natürlich eine Theorie sehr willkommen, die das »Schöpferische« an der Zerstörung nachweist. Wo früher noch die linken Verfassungsfeinde publizistisch gejagt wurden, in der *Frankfurter Allgemeinen Zeitung* etwa, da werden nun schon seit Jahren »die Systemveränderer« gefeiert. »Sie schwenken keine Mao-Bibeln und keine roten Fahnen«, heißt es etwa in einem Kommentar des Blattes vom Main aus dem Jahr 1996. »Sie halten nichts vom Kommunistischen Manifest, aber viel vom Kapital. ... Sie sind die Systemveränderer unserer Tage. ... Sie verbindet nur eines: die Entschlossenheit zum Wandel.« Was ist die Aufgabe dieser Unternehmer-Umstürzler? »Gesellschaften von innen heraus zu revolutionieren«, ein Werk von »schöpferischer Zerstörung« zu vollbringen.

Etwas schwülstige Prosa, die im Klartext heißt: Ein Manager, der 3000 Angestellte entlässt, obwohl sein

Unternehmen durchaus positiv bilanziert, ist kein unsozialer Geizhals, sondern ein heldenhafter Unternehmer-Abenteurer. Schließlich ist das unsentimentale Zerstören alter Strukturen die Voraussetzung für das Schöpfertum, dem der Entrepreneur verpflichtet ist. »Das menschliche Wesen, das heute überall am meisten gepriesen wird, ist der junge Unternehmer«, formulierte vor einigen Jahren der französische Sozialforscher Alain Touraine mit einer gehörigen Prise Sarkasmus[104].

Mit dem Heldenepos, das auf den Unternehmer gesungen wird, zieht ein neotragischer Sound in die Diskurse ein. Es mag für den einzelnen hart sein, unter die Räder der »schöpferischen Zerstörungsmaschine« zu geraten, doch gibt es dazu eben keine Alternative – der Kapitalismus hat etwas Schicksalhaftes. Er bringt Härte ins Leben – und zum Glück für die Tragiker aus der unternehmerfreundlichen Publizistik meist Härte in das Leben der anderen. Mit der Heldenmetapher zieht überdies ein machistischer Ton ein. Thomas Assheuer hat das in der *Zeit* folgendermaßen beschrieben: »Was sich nicht ändern lässt, muss man ›männlich‹ bejahen. … Bisweilen scheint es, als betrachte der Tragiker die Logik des Sachzwangs mit stillem Wohlgefallen und grimmigem Einverständnis. In seinen Augen ist der brutale Veränderungsdruck nämlich sehr zu begrüßen. Er bringt den existenziellen Ernst ins Leben zurück. Er macht Schluss mit der Spaßgesellschaft, Schluss mit Hedonismus und postmoderner Oberflächlichkeit. Kurzum, der Tragiker feiert den ökonomischen Ernstfall, weil er … den Schaumteppich zerstört, den der Sozialstaat über die ›natürliche Härte‹ des

Daseins gelegt hat. ... Der Tragiker verherrlicht die Macht als die einzige Wahrheit, die im Leben wirklich zählt. Was das angeht, ist er unbelehrbar und steht bereits mit einem Bein im Sumpf des Sozialdarwinismus.«[105]

So wird auch die Ökonomie zum Schlachtfeld, auf dem die Stahlgewitter toben.

Was Schumpeters Unternehmer-Typologie so anziehend für die neuen Konservativen macht, ist der Umstand, dass sie sich bestens in ihr Menschen- und Gesellschaftsbild fügt, dessen Prinzipien lauten: die Erfolgreichen sind erfolgreich, weil es sich bei ihnen um starke Charaktere handelt. Die Schwachen sind schwach, weil ihnen die Eigenschaften fehlen, die den Siegertypen zum Siegertypen machen. Rutschen sie ins Elend, gehen sie vollends unter, so hat auch das sein Gutes, weil die Härte eben dazugehört zum Werden und Vergehen der »schöpferischen Zerstörung«. Starke Figuren brauchen so etwas wie »Gesellschaft« nicht. Der Unternehmer ist ein Selfmademan, er ist höchstens in einem weiten Sinne mit anderen verbunden, und zwar im Sinne jener Verbundenheit, die nur in der Konkurrenz besteht. Jeder ist sein eigener, einsamer Entrepreneur-Abenteurer in einer riskanten Welt. Sozialstaatliche Regularien sind aus dieser Perspektive Fesseln, die den Helden gängeln, oder federweiche Polster, die die notwendige Härte aus dem Leben vertreiben und die Menschen zu verzärtelten Wohlfahrtsbürgern machen.

Das Paradoxe an diesem Loblied auf den Praktiker, Tatmenschen und Willenstypen ist der Umstand, dass

Schumpeter selbst genau das nicht war: Er nahm nicht als Tatmensch, sondern als Denker praktischen Einfluss auf den Lauf der Welt. Das ist ja das Geheimnis der erfolgreichen Theorien: Wenn sie zu Weltbildern werden, wenn sie in den Alltagsverstand hinabsinken, dann sind sie nicht nur in dem Sinne einflussreich, dass sie Einfluss auf die geisteswissenschaftliche Debatte haben, sondern sie bestimmen das Handeln von Menschen, auch von Leuten, die sich selbst als Praktiker sehen und gar nicht merken, wie sehr sie unter dem Einfluss von Ideen stehen, die andere Menschen hatten. »Die Ideen von Ökonomen und politischen Philosophen, sowohl wenn sie recht haben als wenn sie falsch liegen, sind mächtiger als wir allgemein annehmen. Tatsächlich wird die Welt von kaum etwas anderem regiert. Praktische Männer, die glauben, sie seien unberührt von irgendwelchen intellektuellen Einflüssen, sind üblicherweise die Sklaven von einem verstorbenen Ökonomen.«[106] So schrieb ein anderer großer Volkswirtschaftler, der britische Nationalökonom John Maynard Keynes, dessen Lehre exakt den gegensätzlichen Fluchtpunkt von Schumpeters hat.

Schumpeters Lehre vom Unternehmer legte allen Ton auf den solitären Helden, der kein Risiko scheute und dessen Abenteuerlust sich auf mirakulöse Weise zum Nutzen aller verwandelte, für Keynes dagegen steht unser Glück auf wankendem Boden, wenn es auf dem Unglück anderer basiert. Deshalb wurde die keynesianische Ökonomie zum wesentlichen Orientierungspunkt progressiver Sozialreformer.

Keynes ist allerdings genauso wenig ein linker Ideologe, wie Schumpeter ein verbohrter Konservativer war. Er sah im Kapitalismus eine ökonomische Ordnung, die sozialen Fortschritt, Wachstum des Wohlstandes und wirtschaftliche Dynamik ermöglicht und neben unbestreitbaren Vorteilen auch einige schlagende Mängel hat, etwa die Unfähigkeit, für Vollbeschäftigung zu sorgen, die ungerechte Verteilung von Einkommen und Vermögen und, nicht zuletzt, die chronische Instabilität. Freie Märkte schaffen nicht nur Werte, sie tendieren immer auch zu einer unnötigen Zerstörung von Reichtümern und Talenten, der Kapitalismus führt, lässt man ihn unreguliert, zu Krisen und damit zu Elend inmitten allen Reichtums. »Nun, zunächst einmal sei festgestellt, wie beschämend und paradox es ist, dass wir überhaupt wirtschaftliche Not zu leiden haben!«, rief Keynes einmal in einem Radiogespräch aus.[107]

Für Keynes ist der Unternehmer kein einsamer Held. Die kapitalistische Wirtschaft, so zeigte er, besteht aus Wirtschaftssubjekten: aus Unternehmern, Arbeitnehmern, Produzenten, Konsumenten, Investoren, Sparern usw. Keiner von ihnen agiert allein, alle sind miteinander verbunden. Arbeitnehmer sind Lohnempfänger und Konsumenten. Sie können Sparer sein, aber auch Investoren. Auf den Finanzmärkten werden meine Spareinlagen zu Investitionen. Was ich konsumiere, ist auf Seiten des Unternehmers der Absatz. Was ich spare, kann ich nicht konsumieren. Selbst wenn ich auf kapitalistischen Märkten rational agiere, kann ich nicht alle Umstände im Auge haben und nicht alle möglichen Folgen und Nebenfolgen meines Tuns voraussagen. Das betrifft den kleinen

Mann, aber auch den Unternehmer von Weltrang. Oft wird auf kapitalistischen Märkten irrational operiert, dem Handeln der einzelnen Wirtschaftssubjekte liegen nicht nur kühl kalkulierter Nutzen zu Grunde, sondern auch Emotionen und Massenhysterien, Moden und Trends oder einfach Fehl- oder Halbinformationen. Und oft schlagen, ach, zwei Herzen in meiner Brust: Als Unternehmer will ich meinen Beschäftigten, deren Einkommen bei mir als Kosten zu Buche schlagen, so wenig Geld wie möglich zahlen, aber ich möchte, dass alle anderen Beschäftigten so viel Geld wie möglich verdienen, weil sie mehr konsumieren, wenn sie über mehr Einkommen verfügen. Auf Arbeitnehmerseite ist das nicht viel anders: Ich möchte zwar keinen Dumpinglohn bekommen, kaufe selbst aber gerne beim Discounter ein, um ein paar Cent zu sparen. Mit einem Wort: Es gibt innerhalb des komplexen Gewebes der kapitalistischen Ökonomie so viel Irrationalität, dass Märkte keineswegs ein »Gleichgewicht« herstellten, wenn man sie nur frei, also unreguliert ließe, wie die klassische Ökonomie behauptet.

Als Keynes in den dreißiger Jahren, inmitten der schwersten ökonomischen Depression des 20. Jahrhunderts, seine Theorien und Lösungsvorschläge präsentierte, markierte er eine Revolution in der Nationalökonomie. Keynes war »ein talentierter Kommunikator und Moderator, der alle sich bietenden Gelegenheiten nutzte, um seine Ideen ›unters Volk‹ zu bringen«. Er wurde in diesen Jahren fast so etwas wie ein Popstar der Volkswirtschaftslehre, in den USA, in Großbritannien, in Kontinentaleuropa griffen Politiker seine Vorschläge auf, was nicht heißt, dass sie in allen Details den »Handlungsanleitungen« von Keynes folgten – Letzteres wäre schon alleine deshalb schwer möglich gewesen, da er ja keine »Doktrin« präsentierte. Ihre Wirtschaftspolitik war jedoch von seinem Geist inspiriert. Und sie wurde ein voller Erfolg: Der westliche Kapitalismus erlebte eine lange, stabile Wachstumsphase, die Gesellschaften wurden gerechter. Breite Bevölkerungsschichten wurden am Reichtum beteiligt, die Schere zwischen den ganz Reichen und den ganz Armen klaffte nicht mehr gar so weit auseinander. Kein Wunder, dass der neue Konservativismus seit den sechziger Jahren versuchte, Keynes zu widerlegen und die von ihm inspirierten Politiken, etwa die des »New Deal« in den USA oder die des Sozialstaats in Westeuropa, zu delegitimieren. Aber was lehrte Keynes genau? Hat uns Keynes heute noch etwas zu sagen?

Es sei einfach nicht wahr, dass das Streben der einzelnen nach mehr und mehr Eigennutz notwendigerweise zu allgemeinem Wohlstand führe, meinte Keynes: »Dass der aufgeklärte Eigennutz immer im öffentlichen Interesse handle, ist aus den Grundsätzen der Volkswirtschaft nicht korrekt abzuleiten.«[108] Er hielt es für kurios und rätselhaft, dass die Doktrin der freien Märkte lange Zeit so erfolgreich war. »Dass sich mit ihr eine Menge sozialer Ungerechtigkeiten und eindeutiger Grausamkeit als unvermeidliche Begleiterscheinung im Rahmen des Fortschritts erklären und der Versuch, diese Dinge zu ändern, als wahrscheinlich mehr Schaden als Gutes stiftend hinstellen ließ, trug ihr das Wohlwollen der staatlichen Autorität ein. Dass sie Rechtfertigungsgründe für die freie Betätigung des einzelnen Kapitalisten lieferte, brachte ihr die Unterstützung der hinter der Autorität stehenden herrschenden Kräfte ein.«[109] Wenn Wirtschaftssubjekte auf freien Märkten Risiken eingehen, hat das eben nicht nur positive Effekte, so Keynes: »Viele der schlimmsten wirtschaftlichen Übel unserer Zeit sind die Früchte des Risikos, der Unsicherheit und der Unwissenheit.«[110] Wirtschaftssubjekte, seien es die kleinen Leute, seien es die großen Kapitalisten, agieren nicht rational: Sie werden von allgemeiner Zukunftszuversicht beeinflusst, aber auch von irrationalen Hypes auf den Finanzmärkten, sind gelegentlich vom Spieltrieb besessen und oft auch von allgemeiner Verzagtheit befallen. Oder sie stecken einfach den Kopf in den Sand, wie man am Beispiel des amerikanischen Immobilienbooms gesehen hat: Jeder wusste, dass der US-Häusermarkt hoffnungslos überbewertet war und viele Hausbesitzer ihre Kredite nicht mehr bedienen können, wenn der Markt, wie das so schön heißt, einmal »bereinigt« wäre und die Häuser realistisch bewertet würden. Dennoch versuchte jeder daran zu verdienen, solange die Blase nicht geplatzt war. Die Banken schoben ihre faulen Kredite anderen Banken zu oder wälzten sie auf Versicherer ab, die Versicherer wiederum drehten ihr Risiko anderen Investoren an, sodass sich der Virus über die ganze Welt ausbreitete. All das war irrational und rational zugleich. Mit den bekannten, ganz praktischen Auswirkungen. Dass der »Eigennutz« des einzelnen nützliche Auswirkungen zeitigt, werden im Lichte der jüngsten Erfahrungen wohl nur mehr Phantasten behaupten.

Nehmen wir Schumpeters Helden, die Unternehmer. Sie sind in ihrem Agieren, etwa in ihren Investitionsentscheidungen nie wirklich frei – sie agieren in einem Umfeld. Die Aussichten, ob sich ihre Investitionen lohnen werden, bestimmen ebenso ihr Handeln wie die Infrastruktur, die sie bereits vorfinden. Kein Unternehmer ist deshalb in einem eminenten Sinn ein »Selfmademan« – selbst das größte Glückskind nicht. Um das an einem modernen Exempel zu illustrieren: Bill Gates hat mit Computern, Betriebssystemen und der avancierten Internet-Technologie viel Geld verdient. Aber er hat das Internet nicht erfunden – das globale Web gäbe es nicht, hätte der amerikanische Staat nicht die Infrastruktur dafür entwickelt; das öffentliche Bildungssystem hat für eine breite Schicht gut ausgebildeter Arbeitskräfte gesorgt; und Bill Gates könnte seine Produkte nicht verkaufen – oder zumindest nicht massenhaft verkaufen –, wenn es nicht genügend Menschen gäbe, die genügend Geld haben, sie zu erwerben.

Der Staat hat also Aufgaben, die über die Bereitstellung von Infrastruktur oder die Bildungspolitik hinausgehen. Ob Unternehmen florieren oder darben, ob die Wirtschaft als Ganzes dynamisch wächst oder nur schleppend oder gar stagniert, ist noch von einer Reihe anderer Dinge abhängig, die kein Unternehmer beeinflussen kann, der Staat aber wohl. Viele ökonomische Probleme hängen damit zusammen, dass die Realeinkommen nicht hoch genug oder ungerecht verteilt sind. Wenn aufgrund zu niedriger Konsumausgaben der einzelnen die Nachfrage nach Gütern und Dienstleistungen gering ist, werden Unternehmen ihre Produkte nicht absetzen können. Ihre Investitionsneigung nimmt dann ab. Sie wird natürlich durch weitere Faktoren – etwa die Höhe des Zinsniveaus – beeinflusst. Wird zu wenig investiert, wird auch das Beschäftigungsniveau sinken – oder weniger wachsen als notwendig. Staatliche oder vom Staat unterstützte Umverteilung, sei es durch höhere Löhne für die Unterprivilegierten, sei es durch ein progressives Steuersystem, führt deshalb nicht nur zu mehr »Gerechtigkeit« im Sinne von mehr Gleichheit in der Einkommenssituation, sie ist auch nützlich für die Binnenkonjunktur: denn dann haben die Einkommensschwachen mehr Geld zum Ausgeben. Wie sich in der Praxis zeigt, neigen nämlich gerade die Schlechterverdienenden dazu, einen Großteil des zusätzlichen Einkommens zu konsumieren, wohingegen die Wohlhabenden zusätzliches Geld vorwiegend sparen.

Der Staat hat also zwei Möglichkeiten, ökonomische Störungen, die zu geringeren Investitionen und damit zu weniger Wachstum und weniger Beschäftigung führen, zu bekämpfen: Er kann über das Steuersystem und durch Einflussnahme auf die Lohnbildung (etwa durch Mindestlöhne) die Einkommenssituation der Unterprivilegierten und damit die Konsumnachfrage verbessern, oder er kann durch staatliche Investitionen direkt Nachfrage generieren, also indem er Straßen oder Kraftwerke baut, den sozialen Wohnbau forciert und Ähnliches. Gewiss, er kann mehr oder weniger klug investieren, am unklügsten ist es freilich, wenn er nicht investiert. Kluge öffentliche Investitionen können dagegen einen Win-Win-Prozess in Gang setzen. Mehr Beschäftigung führt dann zu mehr Investitionen, zu mehr Nachfrage und wiederum zu mehr Beschäftigung. Und schließlich zu Mehreinnahmen des Staates, weil mehr Beschäftigte auch mehr Steuereinnahmen bedeuten. Das heißt, von jedem Euro, den der Staat an Investitionen ausgibt, bekommt er im Handumdrehen einen Teil in Form von Steuereinnahmen zurück. Und umgekehrt gilt: Jeder Euro, den er »spart«, also nicht investiert, kostet nicht nur Wirtschaftswachstum, sondern schlägt sich auch direkt negativ auf die Einnahmen des Staates nieder. Wenn der Staat spart, sparen wir uns arm.

All dies ist eine allgemeine Regel, Resultat theoretisch inspirierter Beobachtung der ökonomischen Realität, exakte Modelle von der Art mathematischer Gleichungen lassen sich auf dieser Basis nicht erstellen. Die Ökonomie ist eine Gesellschaftswissenschaft und keine exakte Naturwissenschaft wie die Physik. Zu viele Akteure sind im Spiel, noch dazu Akteure, deren Handeln nie völlig voraussehbar ist: Menschen nämlich. Eine der Stärken, man könnte auch sagen: das Geniale an Keynes Ansatz war, dass er eine gewisse »Vagheit« ins volkswirtschaftliche Denken einführte. Er hantierte im vollen Bewusstsein mit Begriffen wie »Zukunftsvertrauen« oder »Massenpsychologie«. Das Betriebsklima auf den Finanzmärkten beschrieb er mit Worten wie »animalische Instinkte«, »Nervosität« und »Hysterie«. Alles Phänomene, die sich nicht exakt voraussagen lassen, aber nichtsdestoweniger erheblichen Einfluss auf die wirtschaftliche Entwicklung haben und extrem zur Instabilität der Ökonomie beitragen können. Diese »Vagheit« ist nach den Worten des großen österreichischen Volkswirts Kurt W. Rothschild »ein charakteristisches methodologisches Element in einer Theorie, welche es sich zur Aufgabe macht, möglichst nahe an eine Erklärung einer ›vagen‹ Realität heranzukommen, die man nicht in ›präzisen‹ Gesetzen einfangen kann, wie das in manchen Naturwissenschaften möglich ist«[111]. Der entscheidende Unterschied zwischen Keynesianern und konservativen Ökonomen besteht laut Jörg Bibow und Laszlo Goerke somit darin, »dass Keynesianer die beobachteten Tatbestände unvollkommener Märkte und daraus resultierenden Marktversagen in der realen Welt zum Ausgangspunkt ihrer theoretischen Analyse machen, statt modelltheoretisch postulierte, ideelle Konstrukte einer vollkommenen Welt mit vollkommenen Märkten, in der es grundsätzlich nur zu Problemen kommen kann, wenn irrationale Agenten, wie zum Beispiel Regierungen, diesen postulierten Idealzustand stören, zur Erklärung der ökonomischen Geschehnisse auf diesem Planeten zu bemühen«[112]. Berühmt wurde Keynes Diktum, wonach es besser sei, ungefähr recht zu haben, als genau falsch zu liegen.

Doch bei aller Vagheit zeigt Keynes »realistische« Ökonomie im Unterschied zu den »Idealmodellen« der freien Marktwirtschaft, die von den neuen Konservativen favorisiert werden, eines nachdrücklich: Wenn der Staat oder zivilgesellschaftliche Akteure, beispielsweise Gewerkschaften, die Lebenssituation der schwächsten Mitglieder einer Gesellschaft zu verbessern versuchen, hat das auch ökonomisch produktive Auswirkungen. Pointiert gesagt: Sogar der Kapitalismus profitiert von mehr Gerechtigkeit.

Die praktischen Vorschläge, die die neuen Konservativen in den vergangenen Jahrzehnten ohne Unterlass propagierten, gehen dagegen in eine andere Richtung: Wenn die Wirtschaft stockt, fordern sie Lohnzurückhaltung; wenn die Arbeitslosigkeit wächst, schlagen sie den Abbau sozialer Sicherungsmaßnahmen vor; wenn das Wachstum schwächelt, suchen sie das Heil in mehr Sparsamkeit, in Budgetdisziplin und Kürzung staatlicher Ausgaben. All dies trägt nicht nur dazu bei, dass die Gesellschaften ungerechter werden, es ist auch ökonomisch vollkommen kontraproduktiv: Haben weniger Menschen Arbeit, heißt das ohnehin, dass die gesellschaftliche Nachfrage zurückgeht, spart dann auch noch der Staat, bricht die Nachfrage vollends weg; hat der Staat Steuerausfälle wegen einer wachsenden Zahl von Menschen ohne Job zu beklagen, führen weniger Investitionen zu noch höherer Arbeitslosigkeit und noch mehr Steuerausfällen. Die konservativen Vorschläge sind also ein »Lose-Lose-Rezept«.

Einzelne Personen können sich »reich sparen«, eine Gesellschaft als Ganzes kann sich nur »reich investieren«. Spart der Staat, setzt er einen Dominoeffekt des Reichtumsverlustes in Gang: »Wann immer jemand seine Ausgaben verringert«, erklärte Keynes auf seine bemerkenswerte volksbildnerische Art, »sei es als Einzelperson oder als Stadtrat oder als Regierungsbehörde, so wird am nächsten Morgen jemand feststellen, dass sein Einkommen entsprechend gekürzt worden ist, und das ist noch nicht das Ende vom Lied. Denn wer eines Morgens feststellt, dass sein Einkommen sich verringert hat oder dass ihn genau diese Einsparung um seinen Arbeitsplatz gebracht hat, sieht sich seinerseits gezwungen, seine Ausgaben zu drosseln. ... Hat der Verfall einmal eingesetzt, ist er nur sehr schwer zu stoppen.«[113]

Staatliche Wirtschaftsaktivität kann also nicht nur eine Gesellschaft gerechter machen, sie hilft auch, die chronische Instabilität des kapitalistischen Systems ein wenig abzufedern.

Freilich, der Beitrag, den eine aktive Wirtschaftspolitik zu mehr Gerechtigkeit und mehr Wachstum und generell zu einer lebenswerten Welt leisten kann, beschränkt sich keineswegs auf Sozialpolitik und Umverteilung durch das Steuersystem. Ein wichtiges Instrument, die Unterprivilegierten am Wohlstand zu beteiligen und gleichzeitig die wirtschaftliche Entwicklung zu fördern, ist die Bildungspolitik. »Nichts erhöht langfristig das Einkommen und das Sozialprodukt – den Gesamtertrag der Wirtschaft – so sehr wie ein hohes Bildungs- und Ausbildungsniveau der Bevölkerung. Daraus folgt für die Bewertung von Investitionen in die Zukunft, dass nichts so sicher künftig Früchte tragen wird wie die Aufwendungen für das Bildungswesen, für die Steigerung der Kompetenz und der Produktivität der Menschen«, schreibt der amerikanische Ökonom John Kenneth Galbright. Darüber hinaus gibt es eine Reihe von Aufgaben, die der Staat erfüllen muss, weil sie für Privatunternehmen wegen ihres doch eher kurzfristigen Planungshorizonts einfach nicht profitabel erscheinen: Das moderne Düsenflugzeug ist ebenso wie das Internet in erheblichem Maße Ergebnis militärischer Forschung und Entwicklung. Der schrankenlose Neokapitalismus, den nicht zuletzt die ideologische Offensive der Konservativen in den vergangenen dreißig Jahren durchgesetzt hat, verschärft dieses Manko sogar noch. Weil nämlich die Renditeerwartungen von Anteilseignern deutlich höher sind als früher, können es Unternehmen kaum noch wagen, heute schon in Projekte zu investieren, die sich vielleicht erst in zwei oder drei Jahrzehnten rechnen. Dies hat nicht nur soziale Folgen, sondern beispielsweise auch ökologische: Ein Energiemulti wird heute nicht in erneuerbare Energien investieren, wenn doch die globalen, relativ leicht erschließbaren Erdölvorräte noch vierzig Jahre reichen.

All das heißt natürlich nicht, dass die unternehmerische Initiative leichtfertig abgetan werden soll. Unternehmer sind zwar nicht unbedingt Helden, aber ohne ihr Engagement wäre unsere Welt wohl weniger reich und entschieden farbloser. Das Gewinnstreben allein führt nur zum Recht des Stärkeren – den Preis dafür hat die Mehrheit der Menschen zu zahlen, profitieren wird davon nur ein kleiner Kreis der Reichsten. Und dieser Preis besteht nicht nur in Ungerechtigkeit, sondern auch in

Instabilitäten und reduziertem Wachstum – genau diesen Preis haben wir alle zu entrichten, seit die neuen Konservativen wesentlichen Einfluss auf die Gestaltung der Wirtschaftspolitik nehmen. »Wir müssen das«, sagte Keynes einmal, »wenn möglich, so beheben, dass wir dabei nicht die konstruktive Energie des einzelnen Kopfes behindern, nicht die Freiheit und Unabhängigkeit des einzelnen beeinträchtigen.«[114]

Eigentlich ist das für jeden gut nachvollziehbar. Aber nicht für die konservative Phantasie-Ideologie, die sich ihre eigene Welt schafft. Wie obskur und gleichzeitig menschenverachtend diese ist, führte unlängst der Redakteur des deutschen *manager magazins*, Christian Rickens in seinem Buch »Die neuen Spießer« aus. Als Mitte der siebziger Jahre der lange Nachkriegsaufschwung zu Ende ging und es erstmals wieder einige Hunderttausend, dann bald über eine Million Arbeitslose gab, wurden die Erwerbslosen als Opfer angesehen, als Menschen, die »um ihre Arbeit gebracht worden seien«, die ein schweres Schicksal zu tragen hätten, die unsere Solidarität verdient hätten. Und heute? Heute, gut drei Millionen Arbeitslose mehr, hat sich der Blick auf die Erwerbslosen deutlich gewandelt. Die Neukonservativen haben den verächtlichen Blick auf den »Sozialhilfeadel« durchgesetzt, auf die »neue Unterschicht«, die es sich in der »Wärmestube« des Sozialstaats bequem macht – auf »unsere« Kosten. Rickens: »Vom Opfer zum Schuldigen in gut zwanzig Jahren. Was für eine paradoxe Karriere des deutschen Arbeitslosen! War es bei einer Million Arbeitslosen nicht viel wahrscheinlicher, dass die wenigen Betroffenen eine gewisse Mitschuld an ihrem Schicksal trifft als bei vier Millionen?«[115] Der Neokonservativismus präsentiert Arme als Täter. Wer von staatlicher Wohlfahrt abhängig ist, wird als faul und moralisch verkommen dargestellt, als Falott, der »uns« auf der Tasche liegt. Kein Wunder, dass sich die bürokratischen Organisationen der »Armenverwaltung« – Arbeits- und Sozialämter – immer mehr zu Ämtern entwickelt haben, die, nach einem Wort des französischen Sozialforschers Loic Wacquant, die Bedürftigen »wie Kriminelle behandeln«. Wer Sozialhilfe bezieht, unterliegt einem ausgeklügelten Kontrollregime, wird mit Sanktionen für jede Form nichtkonformen Verhaltens bedroht, ist intensiven Überwachungsprogrammen unterworfen, die an »Bewährungsstrafen für Verurteilte oder auf Bewährung Entlassene« (Wacquant) erinnern. Wer Bezieher von Wohlfahrtsleistungen ist, erlebt den Staat als Obrigkeitsstaat, der ihn anhält, jede Arbeit anzunehmen. Wenn es um die Armen und die ganz unten geht, ist vom schlanken, liberalen, zurückgenommenen Staat plötzlich keine Rede mehr.

Eher fährt der Neokonservativismus eine Doppelstrategie: unsichtbare Hand, eiserne Faust. Deswegen sind die neuen Konservativen auch so besessen von der »Kriminalitätsbekämpfung«. »Volle Härte«, plakatierte Österreichs konservative Volkspartei im vergangenen Wahlkampf. Frankreichs Präsident Nicolas Sarkozy schaffte seinen kometenhaften Aufstieg, weil er sich als »Law and Order«-Politiker positionierte. Aus den USA kommen seit Jahren Politikrezepte mit schneidigem Namen: »Nulltoleranz« oder »Three Strikes And You Are Out«. »Nulltoleranz« fordert auch Hessens Ministerpräsident Roland Koch. Kriminalitätsbekämpfung, brutalstmöglich. Dabei sind Gewaltverbrechen seit Jahren rückläufig – entgegen dem subjektiven Eindruck der Bürger, die durch den Sensationalismus verblendet sind, der von Revolverblättern und Sicherheitsbehörden seit Jahren geschürt wird. Die Botschaft lautet: Die da unten können sich nicht mehr benehmen. Bilden Banden, knacken Autos, schlagen Fensterscheiben ein. Zugegeben: All das geschieht. Aber all das hat es immer schon gegeben. Doch es gab auch eine Zeit, in der man versuchte, die zerstörerischen und selbstzerstörerischen Energien der Unterschichten zu zähmen, indem man den Habenichtsen eine Zukunft gab. Kurzum: Indem man einen Kampf gegen die Armut führte. Die Neukonservativen, die den ökonomischen und sozialen Minimalstaat prägen, wollen von diesem Kampf nichts mehr wissen. Deswegen favorisieren sie den strafenden Staat, der den Kampf gegen die Armen führt.

5. Die schicke Spießerei

Warum die neuen Konservativen die Härte
des Existenzkampfs predigen und sich dann wundern,
dass im Bus niemand mehr für Oma aufsteht.

Vor einigen Jahren wohnte unter mir ein bekanntes männliches österreichisches Fotomodell – um genau zu sein, *das* bekannte männliche österreichische Fotomodell. Tagsüber ein umgänglicher Mensch, wurde der Bursche nachts, wahrscheinlich unter Einwirkung raffinierter Substanzen, etwas eigenartig. Er hörte dann dröhnend laute Musik. Nach drei durchwachten Nächten hatte ich eine blutige Hand, weil ich dauernd an seine Tür trommelte. Ihn störte das aber nicht, da er es nicht hören konnte. Mein damals dreijähriger Sohn brüllte seit Stunden, er wolle endlich schlafen, er könne aber nicht. So tat ich, was ich nie für möglich gehalten hätte: Ich rief die Polizei. Die Einschaltung der Staatsmacht hatte zwar keinerlei praktischen Nutzen, denn global erfolgreiche Fashioncelebrities kann man mit 100-Euro-Geldstrafen wegen Lärmerregung ebenso wenig beeindrucken wie mit der Androhung einer »Beschlagnahme der Lärmquelle« (O-Ton der Polizisten), stürzte mich aber in eine tiefe Depression: Ich kam mir als der letzte Spießer vor.

Das werde ich dem Kerl von den Hugo-Boss-Plakaten mein Leben lang nicht verzeihen.

Seither beschäftigt mich die Spießigkeit – oder, wie Franz Schuh sagen würde, die Spießigkeit befasst sich mit mir. Das Spießertum ist nämlich zu einem vertrackten Problem geworden. Dabei lagen die Dinge jahrhundertelang vergleichsweise simpel. Auf der einen Seite gab es die Mehrheit der Spießbürger oder, wie man sie früher nannte, die »Philister«, mit ihren engen Auffassungen, mit ihrem standardisierten Lebensstil, mit ihren konformistischen Ansichten darüber, was »man« tut und was »man« nicht tut und ihren Weisheiten von der Art: »Ohne Fleiß kein Preis« oder »Gutes Benehmen immer gefragt«. Sie waren die Mehrheit, die sich untereinander weitgehend glich. Und auf der anderen Seite fand sich die Minderheit der Nonkonformisten, der Unkonventionellen. Sie hatten abweichende Meinungen zu politischen Fragen, aber auch eine andere Ästhetik. Sie verärgerten die Kleinbürger und machten sich einen Spaß aus der Verachtung der Krämertugenden der Bourgeoisie, sie schreckten sie mit ihrem Schlachtruf »épater les bourgois« wie in klassischen Avantgardetagen und später mit dem gegenkulturellen Rebellengestus von Rock bis Hippies bis Punk. Die Theoretiker des Konservativismus mochten vielleicht den Individualismus beschwören, aber irgendwie sahen diese Prediger des Individuellen alle gleich aus – wirklich individuell waren die anderen. Es gab da so etwas wie ein »historisches Knäuel«, wie der deutsche Pop-Theoretiker Diedrich Diederichsen das nennt, von Bewegungen und Konzepten, »die irgendwann einmal alle zusammengehört haben. … Die Stärkung der Gewerkschaften und der Arbeiterrechte, die Emanzipation von Schwulen und Lesben, der Kampf der rassistisch Verfolgten und der Aufbruch der Künste aus den alten Disziplinen, die neuen Medien und der über Pop-Musik und neues Kino verbreitete antiautoritäre Impuls, die antirepressiven Studentenbewegungen – sie alle bildeten einst dieses Knäuel.«[116] Man war politisch links, hörte hippe Popmusik und fand die künstlerische Moderne gut. Auf der Gegenseite war die Sache exakt andersrum: Wer politisch rechts war, der hielt Pop für Lärm und empörte sich, wenn er abstrakte Gemälde, ein Happening oder Werke der Konzeptkunst erblickte, lauthals: »Und das soll Kunst sein?«

Aber die Dinge sind komplizierter geworden. In den vierzig Jahren, die dem gegenkulturellen Aufbruch der sechziger Jahre folgten, wurde die Spießerbeschimpfung üblich und damit zum Klischee, so dass sie selbst fast spießig geworden ist. Wer einfach nur mehr provoziert, ist langweilig – das kennen wir ja nun schon lange genug. Wir haben auch gelernt, dass die alte Rebellenweisheit, der Kapitalismus produziere Konformismus, nicht so ganz stimmt. Der Kapitalismus lebt nicht von der Einförmigkeit, sondern im Gegenteil von der Differenz. Das hätte man schon früher wissen können, gilt dies doch insbesondere für die fundamentale Einheit des kapitalistischen Wirtschaftens, die Ware. Die kann ja bekanntlich nur dann an den Mann und an die Frau gebracht werden, wenn sie sich von anderen Waren unterscheidet. Deshalb imitieren viele Firmen heute den Gestus der Avantgarde – neu sein, hip sein, am Puls der Zeit sein ist überlebensnotwendig im Turbokapitalismus. Auch die rebellischen Kulturen und Subkulturen sind nur Marktnischen, die allesamt glänzende Geschäftsmöglichkeiten eröffnen. So ist die Schrägheit und das Unangepasste wie die Spießigkeit und der Konformismus nur mehr ein Lifestyle unter vielen. Jedenfalls: Distinktionsgewinn ist mit ostentativer Rüpelhaftigkeit nicht mehr zu gewinnen. Dazu sind schon zu viele locker.

Besonders gewiefte Trendsetter haben daraufhin begonnen die »Neue Bürgerlichkeit« auszurufen. Es war zwar immer schon so, dass ein erheblicher Teil einstiger Hippster, wenn sie ein bisschen in die Jahre kommen, plötzlich Dinge tun, von denen sie nicht zu träumen gewagt hätten: Sie ertappen sich etwa dabei, wie sie ihre Kinder zwingen, abends die Zähne zu putzen, sie reagieren gereizt, wenn ihre Wohnung völlig versifft, und engagieren eine Putzfrau, sie schließen einen Bausparvertrag ab oder kaufen eine Eigentumswohnung und finden es unpraktisch, dass sie bei wachsenden Verdiensten schmerzhaft hohe Steuern zahlen müssen, schließlich könnte man sich von dem Geld doch so viele schöne Dinge kaufen. Kurzum: Menschen verspießern. Oft still und heimlich und doch mit einem schlechten Gefühl im Bauch. Bei der proklamierten »Neuen Bürgerlichkeit« liegen die Dinge aber anders. Die kam nicht als Verspießerung daher, sondern mit großem Rebellengestus. Gegen das Rebellische, das ein gestischer Jargon unter vielen geworden war, revoltierten die neobürgerlichen Thirty- oder Fortysomethings mit aufreizendem Konformismus. »Das Spießertum erscheint jungen Leuten auch deshalb so verführerisch, weil es sich so passgenau gegen jene in Stellung bringen lässt, die es einst vehement abschaffen wollten«, beobachtete etwa die *Süddeutsche Zeitung* und Diedrich Diederichsen formulierte in einem ausholenden Essay in *Theater Heute* paradox: Während sich früher die rebellischen Jugendkulturen mit dem Ziel, einen Distinktionsgewinn zu realisieren, vom bürgerlichen Mainstream abgrenzten, verspricht es heute »einen Distinktionsgewinn, wieder bürgerlich zu werden«. Ein »Kurzschluss« der Individualisierung sei dies, liegt dessen Besonderheit doch darin, »in Abgrenzung von der Abgrenzung bei der Norm zu landen – als Abgrenzung, versteht sich. Man ist jetzt etwas ganz Verbotenes: ein Bürger, härter als jede Avantgarde.« All dies hatte natürlich etwas Augenzwinkerndes, und wurde in den Rang des Kults durch einen vielfach preisgekrönten Werbespot einer deutschen Landessparkasse erhoben, in dem ein kleines Mädchen mit ihrem alten Hippievater vor einem Wohnwagencamp sitzt. Das Mädchen erzählt von einer Familie, die in einem Eigenheim lebe. Der Vater sagt: »Das sind doch Spießer.« Dann erzählt das Mädchen von einer Dachwohnung. Der Vater sagt: »Auch Spießer.« Und das Mädchen sagt: »Papa, wenn ich groß bin, dann will ich auch mal Spießer werden.« Zwar nur ein Werbefilm für Bausparverträge, aber einer mit zeitdiagnostischem Surplus.

Fast könnte man meinen, Spießertum sei heute etwas Spielerisches. Aber man täusche sich nicht: Das Bürgerliche wird wieder »in«, verkündeten die großen deutschen Blätter. Bürgerlichkeit stünde als »Megatrend vor der Tür«, proklamierte der »Trendforscher« Matthias

Horx. »Die Formen werden wieder gewahrt, jedenfalls immer öfter«, wollte die Hamburger *Zeit* beobachtet haben: »Die Krebsgabel wird nicht länger als ein kleiner Rückenkratzer bestaunt.«[117] Der *Spiegel* enthüllte in einer großen Titelgeschichte: »Die neuen Werte – Ordnung, Höflichkeit, Disziplin, Familie«. Plötzlich scheinen in der flexiblen Gesellschaft die alten, lange erprobten Manieren wieder gefragt. So landete der äthiopische Prinz Asfa-Wossen Asserate, der seit vierzig Jahren in Deutschland lebt, einen Überraschungs-Bestseller mit seinem Buch »Manieren« und tingelt seither als Benimm-Papst durchs Fernsehen: »Manieren sind nichts anderes als der ästhetische Ausdruck der Moral. Sie wurden erfunden, damit die Menschen sich nicht als Tiere, sondern wie zivilisierte Wesen begegnen.« Und in Österreich erobert der örtliche Manieren-Papst, der Tanzschulbetreiber Thomas Schäfer-Elmayer, die Bestsellerlisten mit seinen Ratgebern, denen man präzise entnehmen kann, wo genau im Auto man eine »ranghöhere« und eine »rangniedrigere« Person zu platzieren hat, wie man »ranggleiche« Personen vorstellen muss (indem man »darf ich Sie einander bekannt machen« sagt) und wen man besser mit »Durchlaucht«, wen sogar mit »königliche Hoheit« anspricht.

Das ist kein Spiel mehr. Das klingt schon ziemlich ernst.

Aber wollen wir die Sache nicht überbewerten: Dass deutsche oder österreichische Mittelstandskinder massenhaft den Umgang mit der Hummerzange trainieren, wäre zu viel behauptet. Das Postulat von der »Neuen

Bürgerlichkeit« sei so etwas wie ein »Bürgerlichkeits-revival«, schreibt Gustav Seibt, ein »Retro unter vielen anderen«, das ohne Verbindlichkeit einfach zur »reichen Angebotspalette ästhetisierter Lebensstillagen« hinzu ge-fügt wird – nicht viel anders, als wenn ein »Seventies Revival« oder ein »Fifties Revival« ausgerufen wird, was ja tatsächlich alle paar Jahre passiert. Die Spießer wären, so gesehen, nur eine Subkultur, wie Punks und Bobos. Man mag sich gegeneinander abgrenzen, das aber auf gleicher Augenhöhe.

Was die massenhafte Verbreitung eines neobieder-meierlichen Lebensstils anlangt, darf man durchaus skep-tisch sein. Völlig belanglos ist die Chose deswegen aber noch lange nicht. Das Verhältnis der neuen hippen Smo-kingfreaks zum pausbäckigen Altkonservativismus lässt sich am besten so beschreiben: Die »Neubürgerlichen« machen mit ihrer Prise Ironie Haltungen respektabel, die ansonsten nur mehr belächelt würden. Über die Ästheti-sierung wird ein neuer Konservativismus salonfähig, und zwar in Kreisen, in denen man bisher Konservative, um das in den polemischen Worten der Autorin Thea Dorn zu sagen, als »dumpfe, katholische, saumagenfressende, homohassende, rassistische, Frauen-hinter-den-Herd-prügelnde Neandertaler« ansah. Vor allem in manchen Zirkeln der kulturellen Eliten ist es plötzlich chic gewor-den – mit Hilfe einer gewissen elitären Manieriertheit, die Schnöseltum mit Kunstsinnigkeit, Dandyness und Individualismus-Pose kombiniert – die alte Allianz aus Rebellentum, linker Solidarität und ästhetischer Moder-ne aufzukündigen. Man winkt mit dem Stecktuch. Die

Ausdifferenzierung der Gesellschaft in Stilgemeinschaften, unter denen die Neubürgerlichen nur eine wären, ist nur ein Aspekt der Sache. Der andere handelt von der guten alten Klassenfrage. Die proklamierte »neue Bürgerlichkeit« ist symptomatisch: bürgerlicher Stil wird wieder als Abgrenzungsstrategie benützt – nach unten.

Bleiben wir für einem Augenblick bei diesem eigentümlichen Milieu eines urbanen, weltgewandten Neokonservativismus, der mit den jugendkulturellen Codes spielt, nicht mehr altväterlich verstaubt, sondern cool daher kommt. Die Zentralorgane dieser neokonservativen Ichlinge sind Zeitschriften wie *Monopol*, *Vanity Fair* oder *Der Freund*. Auf der Einladungskarte zur Release-Party dieser – mittlerweile wieder eingestellten – Literaturzeitschrift in den holzgetäfelten Räumen im 19. Stock des Springer-Hochhauses in Berlin stand: »Gentlemen are requested to wear neckties« – »Die Herren werden gebeten, Krawatten zu tragen«. »Unser Hauptfach heißt Karriere«, verkündete Florian Illies, Herausgeber der Kulturzeitschrift *Monopol*, in seinem Buch »Generation Golf« und brach die Basisidee der Möchtegern-Dandys gleich auf Aphorismusniveau herunter: »Wenn jeder an sich denkt, ist an alle gedacht.«

»Stil ist die letzte Rebellion«, schrieb unlängst Ulf Poschardt, Gründungschefredakteur der Lifestyle-Illustrierten *Vanity Fair*, und: »Eleganz ist im Egalitären verdächtig«. Poschardt, Ex-*Tempo*-Redakteur, Ex-*SZ-Magazin*-Macher und nunmehr Vizechefredakteur der *Welt am*

Sonntag, ist ohnehin eine der bemerkenswertesten Figuren dieser neukonservativen Parallelgesellschaft. Vieles von dem, was er von sich gibt, könnte vom durchschnittlichen einfältigen Pressesprecher eines Arbeitgeberverbandes nicht simpler formuliert werden: Die Bundesrepublik sei eine »Sozialidylle«, in der die »Bestrafung von Leistung« oberstes Staatsziel sei, eine Gesellschaft, die nichts als »Verwöhnaroma« ausströme und in der die Unterklassen in »Hartz-IV-Luxus« leben. Den Arbeitslosen, die es sich im sozialen Netz »bequem gemacht haben«, würde er, menschenfreundlich wie er ist, eine »Chance auf ein Leben ohne staatliche Subvention« gönnen. Was Poschardt und seine »Gang« artikuliere, sei »gar nicht so weit vom Konservativismus alter Prägung entfernt«, meint Tobias Rapp, Kulturredakteur der *taz*, aber: »Das Design ist anders.«[118] Den Poschardt-Typus unterscheidet vom Traditionsspießertum, dass er den neoliberalen Neiddiskurs mit dem Geist der Revolte, des Nonkonformismus, des Individualismus kurzschließt. Die Rebellen aus den gegenkulturellen Szenen seien doch die natürlichen Parteigänger des Neoliberalismus mit seinem Staatshass und seinem Verwirkliche-dich-Selbst!-Pathos, trommelt Poschardt seit Jahr und Tag: »Versteht man Pop und seine Sehnsucht nach ungebremsten Freiheitsdrang essenzialistisch, dann gibt es für seine Anhänger nur eine Wahlempfehlung: die FDP«, proklamierte er allen Ernstes vor der letzten Bundestagswahl. Eine scheinbar obskure These, mit der Poschardt nicht total unrecht hat (wenngleich auch keineswegs recht): Das Freiheitspathos der Revolte hat erst die radikalindividualistischen

Subjekte geschaffen, die der Postfordismus benötigte. Die Subkulturen sind – weit davon entfernt, den Kommerz und das Kapital auszuhebeln – auch nichts anderes als Marktlücken. Die Selbstverwirklicher in all diesen Subkulturen sind Selbstunternehmer, wie sie sich Henkel & Co. schöner nicht wünschen könnten: Leistungsträger, die mit ihrem Freiheitsdrang das Freelancertum als erstrebenswerte Lebensform durchgesetzt haben, was mit dazu beiträgt, den Sozialstaat zu untergraben. Freilich: Das ist *ein* Aspekt der Wirklichkeit, die so widersprüchlich ist wie die Realität überhaupt. Aber Poschardt schlägt sich die Paradoxien so lange mit der Axt zu, bis nur Totalaffirmation übrig bleibt. Er erklärt sich und seinesgleichen zum neuen, zeitgenössischen konservativen Milieu und nennt es »das Geschmacksbürgertum«.

Dieses Geschmacksbürgertum besteht aus Besserverdienenden, die in pulsierenden Metropolen leben, sich dort ihre Villen und Penthouses elegant einrichten, wozu eine kleine Skulptur neben der Couch ebenso gehört wie ein paar Gemälde der gerade angesagtesten bildenden Künstler. Der regelmäßige Rundgang durch die besten Galerien der Stadt ist ebenso unverzichtbares Muss wie die Anwesenheit bei den spannenden Premieren und Performances und der Besuch der einschlägigen Kunstmessen. Der neukonservative Geschmacksbürger unterscheidet sich vor allem in einem vom altkonservativen Biedermann: Er hat seinen Frieden mit der Moderne gemacht. Der Konsum zeitgenössischer Kunst dient ihm sogar als Ausweis seines Stilbewusstseins. Weiß man sich selbst zwar bestens zu benehmen, so lässt man sich dennoch gerne provozieren von Künstlern, selbst wenn die ein wenig Radau machen. Der Geschmacksbürger hat auch nichts gegen Kunst, die gegen seinen Geschmack ist – er sucht sie geradezu. »Kunst ist die neue Mode«, schreibt Poschardt. Und ebenso wie die Mode stärkt Kunst den Individualismus. »Sie inspiriert und artikuliert Identität. Selbst dort, wo Kunst als Opposition provoziert, schafft sie Freiräume, die auch von Konservativen genutzt werden können.« Die Gegenwartskunst, so Poschardt, sei somit »hyperbourgeois«. Modeläden sind von Galerien nicht mehr zu unterscheiden, Möbelgeschäfte zitieren die Bühnenbilder des Avantgarde-Theaters. Kunst und Design sind kaum mehr auseinanderzuhalten, sie sind Accessoires, mit denen der neue zeitgenössische Bürger sich umgibt. Und die Gegenwartskunst, die lange als spröde und voraussetzungsreich galt, wird niedrigschwelliger: Zugang zu ihr findet, wer sie sich leisten kann. Ihr diskursiver, subversiver Jargon stört den Geschmacksbürger schon lange nicht mehr: Er nimmt ihn hin als Sound, der einfach so dazugehört. Das hat, bei aller Überspannung, eine analytische Wahrheit: Die einst schier unüberwindliche Mauer, die die avancierten Kulturszenen von den Villencommunities der Reichen noch bis vor kurzem trennte, ist längst geschliffen.

So wie dieses neukonservative Bürgertum sein Verhältnis zur zeitgenössischen Kunst geändert hat und nun selbst auf kaum etwas so viel Wert legt wie darauf, »absolutly contemporary« zu sein, so hat sich damit auch die

Kunstwelt verändert. Sie ist mehr und mehr ein Markt, ein Jahrmarkt der Eitelkeiten, der Künstler ist eine Marke und seine Produkte sind gefragte Markenartikel, für die man astronomische Preise zu erzielen vermag, dass sie ebenso gut zur Geldanlage dienen wie zur Zurschaustellung der eigenen ökonomischen Potenz. Sie liefert die Accessoires zur elitären Selbstinszenierung eines stilbewussten Neobürgertums, das sich gegenüber dem stillosen Pöbel abgrenzen will. Mehr und mehr gelten in der Kunst die gleichen Gesetze wie auf allen Märkten. Da gibt es die Rankings der bedeutendsten Künstler, Galeristen, Händler und Mäzene und die großen Kunstmessen. Längst ist Kunstsinn nicht mehr mit dem Rebellentum einer Boheme und Avantgarde verbunden, vielmehr hat sich Kunstverständnis mit Wohlstand, Erfolgsstreben, Glamour und sozialem Aufstieg assoziiert, sodass sogar die Illustrierte *Monopol*, eigentlich selbst ein Produkt dieses Trends, feststellen muss: »Jegliche gedankliche Tiefe, die Kunst einmal hatte, ist ihr dabei ausgetrieben worden, und die leere Hülle wird gefüllt mit debilen Slogans.« Künstler und Sammler bilden heute wieder eine Symbiose wie früher Mäzene und ihre Hofkünstler. Der Künstler von Weltrang, dessen Werke viele Millionen Dollar kosten, produziert oft gar nicht mehr für den anonymen Markt, sondern für den Sammler, der die Abnahme des Kunstwerkes zu einem festen Preis bereits versprochen hat, bevor die Arbeit aufgenommen worden ist. Legendär sind die Künstler-Sammler-Symbiosen wie die zwischen Damien Hirst und Charles Saatchi oder zwischen Jeff Koons und Sammler-

Milliardär Eli Broad. Es sind Kooperationen zum beiderseitigen Vorteil. Künstler agieren mehr und mehr auch wie Manager. Vor allem der Preis, den er für seine Kunstwerke bei den großen Auktionen erzielt, bestimmt den Rang des Künstlers. Jeff Koons und Damien Hirst gelten als die »bedeutendsten« Künstler der Gegenwart, weil für ihre Werke einfach die höchsten Preise erzielt werden. Insofern durfte man sich gar nicht mehr wundern, als sich herausstellte, dass Hirst selbst zu dem aus anonymen Sammlern bestehenden Käuferkonsortium zählte, das seinen rekordteuren Totenschädel erwarb. Eine sinnvolle Investition: Die paar Millionen, die es ihn gekostet haben mag, seinen Totenkopf zum »teuersten Kunstwerk aller Zeiten« hochzupuschen, fließen x-fach zurück – weil damit ja auch der Preis jedes anderen Hirst-Kunstwerks nach oben sprang.

In einer solchen Zeit wird natürlich die alte Frage »Was ist Kunst?« völlig neu gestellt und die ressentimentgeladene Philisterwendung »Das soll Kunst sein?« ist vollends von gestern. Denn weder Geschmack noch Kunstsinn noch ästhetisches Urteil von Experten oder Kritikern entscheiden darüber, was Kunst ist, sondern der Markt. Was am Kunstmarkt einen Preis erzielt, das ist Kunst. Man mag das als Demokratisierung feiern, als Entmachtung der Kunst-Experten und Säkularisierung des Kunst-Religiösen. Freilich: Die Radikalität der einstigen Avantgarden, die den Kunstbegriff ausweitete, die Verbindung zur Tradition kappte und mit Ready-Mades und Alltagsgegenständen die konventionellen Standards niederriss, gereicht nun der Auktionskunst zum Vorteil. Wenn alles Kunst sein kann, dann führt das nebenbei zu einer erfreulichen Ausweitung des Marktgeschehens, was natürlich den Kunstagenten die tollsten Gewinnaussichten garantiert. Eine der bitter-ironischen Paradoxien dessen ist, dass die Kunstdiskurse deswegen heute gleich von zwei konservativen Haltungen in die Zange genommen werden: Da ist das Geschmacksbürgertum, das die Künstler als Individualisten, als Unternehmer-Ichs feiert und für dessen Protagonisten sich die Kunst auf »Style« reduziert, sofern sie nur »contemporary« ist und sich mit ihr auf elegante Weise protzen lässt, wie das mit keinem Ferrari und keinem Porsche ginge. Und da sind jene, die anmerken, wenn nur mehr der Markt entscheide, was Kunst sei, ergo alles, was am Kunstmarkt Preise erzielt, schon als Kunst gelten könne, werde der Kunstbegriff sukzessive entleert; dann zählten weder fachliche noch technische Kriterien. Wenn alles Kunst sein könne, markiere das gewissermaßen »das Ende der Kunst«. So schlägt die neubürgerliche Marktkunst-Apologie einem altväterlichen antimodernistischen Ressentiment eine neue Schneise. Eine Art konservatives Ideologie-Joint-Venture, könnte man fast meinen.

Man könnte sagen: Die Spießbürger sind auch nicht mehr das, was sie einmal waren. Ist doch erfreulich, dass die Schnösel, die sich einbilden, etwas Besseres zu sein, sich heute mit Schüttbildern von Hermann Nitsch umgeben oder bei Performances von Marina Abramović treffen. Besser, man stellt den Künstlern mit dem

Scheckbuch nach als ihnen, wie vor nicht so langer Zeit, die Polizei auf den Hals zu hetzen. Aber man kann auch sagen: Die Spießigkeit wechselt nur ihren Betriebsmodus. Sie ist nicht immer auf den ersten Blick zu erkennen. Und sie kann alles zur Dekoration verwandeln, zum Dekor, zur Kulisse der Bürgerlichkeit. Man kann auch in der wildesten Installation das Champagnerglas auf die Manierlichkeit erheben und den rebellierenden Spießer geben, dass es kracht.

Übrigens, wollen wir eines nicht vergessen: Im Massesegment des konservativen Durchschnittsspießers ist vom »Spielerischen«, »Rebellischen« des neobürgerlichen Jungschnösels nicht mehr viel zu spüren, und im Zweifel hegt man ohnehin noch immer die alten Ressentiments gegen die »Fäkalkunst«. Hier formuliert man nicht ironisch, sondern getragen wie der Herausgeber des *Merkur*, Karl Heinz Bohrer, den es förmlich schüttelt: »Das Sich-Gehen-lassen, die öffentliche Formlosigkeit breitet sich inzwischen überall aus, selbst in sozial höheren Quartieren.«[119] In diesen Kreisen meint man die Jeremiaden, dass die »Rücksichtnahme« vor dem anderen und die »Gesittung« aus unserer Welt verschwunden sind, durchaus ernst, deshalb sollen hier ein paar ernste Worte dazu gesagt werden: Also, dass alles schlechter wird und wir deshalb gewissermaßen ein Bürgerlichkeits-Revival nötig haben, ist reichlich diskussionswürdig, weil so eindeutig nicht. Gewiss, es kommt heute wohl tatsächlich häufiger vor, dass ein Schulkind im Bus nicht für Oma aufsteht, doch sind andere Rücksichtslosigkeiten heutzutage gesellschaftlich weit weniger akzeptiert als vor vierzig, fünfzig Jahren. Wer seine Kinder in aller Öffentlichkeit schlägt oder routinemäßig seine Frau verprügelt, kann heute kaum mehr darauf verweisen, dass die »gesunde Watsche« – die lehrreiche Ohrfeige – noch nie jemandem geschadet habe. Es kommt heute auch nicht mehr gut an, einen Behinderten als »Krüppel« zu bezeichnen. Die Klage über den Verfall der Sitten und des guten Stils ist ein ewiges Lamento, das seit Jahrhunderten angestimmt wird; das Abendland müsste längst verschwunden sein, wenn sein schon oft prophezeiter Untergang eingetroffen wäre. Natürlich ist es immer gut, wenn man höflich ist, und es schadet sicher auch nicht, wenn man mit Gabel und Messer zu essen versteht. Insofern ist am »Benehmen« nichts zu kritisieren. Freilich gibt es, wie wir alle wissen, auch so etwas wie eine »Ideologie des Benehmens«, einen regelrechten »Benimmismus«. Deshalb haben Formeln wie »Gutes Benehmen ist wieder gefragt« auch einen Rucksack an Bedeutung. Wer sie anstimmt, der will zurück zu einer angeblich guten alten Zeit, in der die Kinder nicht vorlaut waren, die Lehrer sich keine Fragen gefallen lassen mussten und der Pöbel es sich ganz allgemein nicht herausnahm, »frech zu werden«. Man sagt »gutes Benehmen«, ist aber in Wirklichkeit gegen alles, was die Welt bunt macht. Hier lebt das Verzopfte wieder auf, die Formel »das tut man nicht«, das Terroristische am Benimmismus. Manieren und Manierierismus haben gewiss nicht von ungefähr einen gemeinsamen etymologischen Wortstamm. Starre Benimmregeln, dieses bemühte Gepauke, haben etwas Lächerliches, mögen sie auch zwänglerische Charaktere entlasten, die nicht darüber nachdenken wollen, welches Verhalten situationsadäquat ist, und sich lieber streng an ein Skript halten. Dabei wäre durchaus zu fragen, ob jemand, bloß weil er vornehm tut, unbedingt Benimm hat. Man kann auch mit äußerlicher Eleganz abgefeimtes Mobbing betreiben, und nicht selten sind es die gesittetsten Tischgenossen, die formvollendet den Kellner wie einen Dienstboten behandeln. Nicht zuletzt hat es auch etwas Scheinheiliges, wenn gerade konservative Elite-Apostel den Verfall der Rücksichtnahme in unserer Gesellschaft beklagen: Dieselben, die seit Jahr und Tag trommeln, dass man die Tüchtigen in ihrem Lauf nicht behindern soll, dass man die Unterschichten aus der »Wärmestube« des Sozialstaats vertreiben und sie der Härte des Existenzkampfes aussetzen solle, wundern sich, wenn die gegenseitige Rücksichtnahme schwindet. Sie predigen Rücksichtslosigkeit, sind aber schwer erschüttert, wenn ihnen im Alter niemand mehr über die Straße hilft. Man kommt in diesen Kreisen offenbar nicht einmal auf die Idee, dass die Entsolidarisierung in unseren Gesellschaften und der »Verfall der Manieren« irgendwie zusammenhängen könnten.

6. Von Moslems umzingelt

Warum die neuen Konservativen die Familie lieben – vorausgesetzt, es handelt sich nicht um eine türkische Großfamilie. Oder: Sie sollen sich zu unseren Werten bekennen (die Werte, die wir verloren haben).

Unlängst konnte man in der Monatszeitschrift *Le Monde diplomatique* eine erheiternde Reportage lesen. Johann Hari, Kolumnist der britischen Tageszeitung *The Independent*, hatte sich auf einer Kreuzfahrt eingeschlichen, die das US-Magazin *National Review* für seine treuesten Unterstützer, ausgesuchte Leser und seine prominentesten Autoren organisiert hat. Die *National Review* ist eine Institution des amerikanischen Konservativismus, und Hari wollte bei der Gelegenheit in entspannter Atmosphäre herausfinden, was »konservative Leute von sich geben, wenn sie glauben, dass sie unter sich sind«. Zu Beginn stellt er eine alte Dame vor, mit der er auf einem Landausflug ins Gespräch kommt. Bizarre Felsschluchten vor Augen, fragt sie ihn: »Haben Sie ein Kind, drüben in England?« Als Hari verneint, macht sie ein strenges Gesicht. »Dann wird es aber Zeit. Die Moslems pflanzen sich unentwegt fort. Bald werden sie ganz Europa haben.« Solche Momente gibt es auf dieser Reise immer wieder: »Ein jovialer Plausch schlägt auf einmal um in – ich kann nicht genau sagen, in was. Ich befinde mich auf einem strahlend weißen Kreuzfahrtschiff mit zwei Restaurants, fünf Bars und 500 Lesern der Zeitschrift *National Review*. Hier an Bord ist der Irak-Krieg

›ein toller Erfolg‹. Die globale Erwärmung findet nicht statt. Europa wird ein neues Kalifat. Und ich kann nicht weg.«

Mal dreht sich das Gespräch um Steuern, mal um die Homo-Ehe, dann wieder um Patriotismus. Aber kaum ein Dialog kommt ohne das eine Thema aus: die Moslems. Wunderschön sei Paris, erzählt eine distinguierte Dame, um mit verdüstertem Gesicht hinzuzufügen: »Aber dann machst du dir klar: Es ist von Moslems umzingelt. Sie lauern da draußen, und sie werden kommen.« In den Seminaren, die von einflussreichen konservativen Denkern gegeben werden, dreht sich alles um die eine Causa Prima: den Kampf des freien Westens gegen den »Islamofaschismus«. Es versteht sich von selbst, dass allein die konservativen Amerikaner das Zeug dazu haben, diesen Kampf aufzunehmen: »Die Moslems verdammen uns, weil wir dekadent seien; die Europäer verdammen uns, weil wir nicht dekadent genug sind«, erläutert ein Referent. Und Norman Podhoretz, seit fast fünfzig Jahren eine der schrillsten Figuren der neurechten Szene, fügt hinzu: »Ich sage den Leuten immer, wir befinden uns im Vierten Weltkrieg.«

Man darf sich durch die eigenwillige konservative Methode der Weltkriegsnummerierung nicht verwirren lassen – Podhoretz pflegt den »Kalten Krieg« als Dritten Weltkrieg zu verbuchen, sodass der Kampf gegen die Islamgefahr schon bei Weltkrieg vier rangiert. Doch die überspannte Panik vor den Muslimen ist längst keine Marotte schrulliger amerikanischer Reaktionäre mehr. Der rumänisch-amerikanische Poet Norman Manea spricht von einem »Dritten Weltkrieg«. Mag man sich in Hinblick auf die Zahl der Weltkriege auch nicht ganz einig sein, in der Sache gibt es keinen Zweifel: Der Islamismus ist der neue Faschismus, und die Unterschiede zwischen Islam und Islamismus sind etwa so groß wie die zwischen »Terror und Terrorismus«, erläutert Heinz Christian Strache, der Chef der rechtsextremen österreichischen Freiheitlichen Partei. Fast wortgleich lehnt es auch der deutsche Radaupublizist Henryk M. Broder ab, zwischen Ahmed-Normalmoslem und dem harten Kern der Selbstmordattentäter groß zu differenzieren: Das erinnert, sagt er, »an das Gerede von der ›kleinen radikalen Minderheit‹ vor gut dreißig Jahren, als es galt, die RAF zu isolieren – mit dem Unterschied, dass es damals niemanden gab, der auf der Unterscheidung von ›Terror‹ und ›Terrorismus‹ bestanden hätte«[120]. In der schrillen Angstlust vor den muslimischen Horden verbinden sich alte Stockkonservative, neue radikale Rechte, Ultraliberale mit ihrem Widerwillen gegen die linken »Gutmenschen« und sogar ein paar überspannte Ex-Linke, die glauben, man verteidige die demokratischen Freiheiten des liberalen Westens am besten, wenn man gegen eine Minderheit unterprivilegierter Einwanderer hetzt. Ein Wort ergibt das andere, und wenn einmal eine schöne Metapher gefunden ist, verbreitet sie sich wie eine Sturzflut. Die Europäer merkten gar nicht, »was für eine Tsunami-Welle auf sie zurollt«, hat Broder Ende 2007 geschrieben. Wenige Wochen danach sprach die FPÖ-Politikerin Susanne Winter im steirischen Landtagswahlkampf von einem »islamischen Einwanderungs-Tsunami« und erklärte markig: »Der Islam gehört dorthin zurückgeworfen, wo er hergekommen ist – hinter das Mittelmeer.«

Das ist zwar normalerweise ein Niveau, von dem sich schöngeistige Schriftsteller abgestoßen fühlen – aber nicht, wenn es gegen die Muslime geht. So spricht der niederländische Autor Leon de Winter von der »multikulturellen Senkgrube« und von türkischen oder arabischen Brautleuten, die in Westeuropa ankommen, »türkisch oder arabisch abgefasste Formulare ausfüllen, um Sozialhilfe zu beantragen und danach in ihrem eigenen subventionierten Ghetto verschwinden«. Dafür bekam der feine Herr die Buber-Rosenzweig-Medaillie verliehen, einen Berliner Völkerverständigungspreis.

Nur eine Prise gemessener im Ton fragt Richard Wagner: »Sollen wir für Anatolien arbeiten?« Im längst tobenden Kulturkampf »sind deutliche Worte gefragt«[121], wirft sich der deutsch-rumänische Schriftsteller in heroische Abwehrkampf-Pose. Er ist folglich um solche Worte in seinem Werteverteidigungsmanifest mit dem mäßig eleganten Titel »Es reicht« keineswegs verlegen. Europa ist von Einwandererhorden bedroht, die sich auch noch schrankenlos fortpflanzen, schüttelt es Wagner, von muslimischen Familienclans und deren notorischer »Inkompatibilität von Herkunftskultur und Ankunftsgesellschaft«. Dass die Familie in Europa nicht mehr zählt, ist für Konservative ein deutliches Vorzeichen des Untergangs – sofern es sich um christliche Familien handelt. Bei den türkischen Großfamilien hört es mit der konservativen Familienfreundlichkeit dagegen ganz schnell auf. Denn türkische Großfamilien dürfen keineswegs als Ort enger Bindung und des Zusammenlebens zwischen den Generationen (alles Dinge, die die Konservativen normalerweise an der Familie preisen) missverstanden werden, sondern sie sind eher so etwas wie Invasionsarmeen, vergleichbar den Reiterheeren aus den Türkenkriegen. Entsprechend geschwollen lautet Wagners Aufruf: »Kommen wir zurück zur Selbstverständlichkeit, mit der Prinz Eugen von Savoyen 1716 in seinem Brief an Graf von der Schulenburg, den siegreichen Verteidiger von Korfu gegen die Osmanen, vom ›gemeinsamen Interesse der Christenheit‹ spricht.«[122] Bei Broder liest sich das so: »Nach den Niederlagen von Poitiers (732) und Wien (1683) sollen die Europäer nun mit den Waffen der Demografie besiegt werden.«

Liest man zu viel von solch kurioser Abwehrkampf-Prosa, kann man tatsächlich leicht den Eindruck gewinnen, Europa stehe inmitten eines Religionskrieges: hier das christliche Abendland, da die muslimischen Horden. Der Kampf gegen die »Islamisierung« ist die neueste Lieblingsbeschäftigung rechter Populisten, weil ihnen das Thema ein Entré in Milieus verschafft, die sich bisher, vielleicht aus sozioästhetischen Gründen, von rechter Radaupolitik distanzierten – etwa in die eleganten Villenviertel der Bürgerbezirke, wo die hochtoupierte Notarsgattin lange mit grölenden Skinheads nichts zu tun haben wollte. Heute geht man gemeinsam demonstrieren, wenn es »gegen den Islam« geht. »Daham statt Islam«, plakatierte die Freiheitliche Partei im Nationalratswahlkampf 2006. »Pro Köln«, lautet der unverfängliche, fast sympathische Name einer Bürgerbewegung in der Domstadt, die gemeinsam mit der neonazistischen NPD gegen Moscheebauten mobilmacht. In Wien demonstrierte im Herbst 2007 ein rechter Mob, angeführt von der örtlichen konservativen Volkspartei, gegen eine geplante Moschee. Dabei sollte es sich nur um eine Erweiterung eines unverdächtigen türkischen Kulturzentrums handeln, keineswegs um eine Gebetsstätte. »Anzünden, anzünden«, rief die marschierende Hetzmasse vor dem Bau, in dem die eingeschüchterten Türken die Türen verbarrikadierten. Anderntags forderte der ÖVP-Generalsekretär mit dem hübschen Namen Missethon in Richtung Moslems, »die müssten unsere Spielregeln lernen«. Damit war natürlich nicht gemeint, dass die Muslime jetzt auch vor christlichen Kultureinrichtungen aufmarschieren und lautstark drohen sollten, diese niederzubrennen.

Aber nicht nur in der Brigittenau entzündet sich der Volkszorn an Moscheen, die gar keine sind. So erklärte auch der irrlichternde Rechtspopulist und Kärntner Landeshauptmann Jörg Haider, bevor er im Vollrausch mit 142 km/h mit seinem Dienstauto von der Straße abkam und tödlich verunglückte, er werde Moscheepläne mit Minaretten in seinem Bundesland nicht genehmigen. Das war allein schon deshalb keine besonders mutige Ankündigung, da gar niemand den Plan hatte, in Kärnten eine zu errichten. Wie sehr sogar gemäßigte konservative Kreise von diesem Wahn infiziert sind, zeigte sich, als der ansonsten durchaus als zurechnungsfähig geltende niederösterreichische Landeshauptmann Erwin Pröll erklärte, Minarette seien »etwas artfremdes«. Damit soll natürlich nicht gesagt sein, dass alle Christdemokraten grundsätzlich etwas gegen Moscheen haben. Gar nichts haben sie gegen Moscheen, sofern die einen Glockenturm haben und ein Kreuz oben drauf.

Der Irrsinn hat seine schöne Zeit, und in den Kreisen der neuen Konservativen findet er einen fruchtbaren Humus. In Dänemark hat ein Verein namens »Stop Islamisering af Danmark« das Verbot des Korans gefordert und dementsprechend Anzeige gegen die heilige Moslem-Schrift erstattet. Der Verein SOS-Abendland, den der FPÖ-Chef Heinz Christian Strache gegründet hat, fragte erschüttert: »Was ist eigentlich los in Europa, im freien Westen?« Die Abendland-Retter hatte die Meldung schockiert, in Großbritannien würden die Sparschweine aus den Banken geräumt, »weil sie die religiösen Gefühle der Muslime verletzen könnten, die im Schwein ein unreines Tier sehen«. Blöd nur, dass die Sache völlig frei erfunden war. Die britische Halifax-Bank, um die es dabei ging, stellte dazu klar, »dass wir keine Sparschweine aus unseren Filialen verbannt haben – wir haben sie schon seit Jahren nicht verwendet«. Weder als Kundengeschenk, noch zur Geldaufbewahrung – man nutzt auch in britischen Banken dafür Computer und Tresore. Längst gibt es im Internet eine eingeschworene Gemeinschaft der Kämpfer gegen die »Islamisierung«, gegen »Eurabia«, die »Hinternhochbeter« (so nennt man in diesen Kreisen die Muslime) oder schlicht den »Migrationsmüll«.

Die Xenophoben haben den Begriff »Ausländer« durch »Islam« ersetzt, man ruft jetzt »Stop der Islamisierung« statt »Ausländer raus«, was zu erheblichen Modernisierungstendenzen in ihrer Argumentationslinie und ihren Bündnisstrategien führte. Früher waren die klassischen Ausländerfeinde meist Parteigänger neofaschistischer oder rechtspopulistischer Parteien. Damit waren praktisch immer Antisemitismus, ein Ressentiment gegen die westliche Moderne, Abneigung gegen Amerika, Hass auf Israel einhergegangen. Aber anders als diese leicht angemoderten Altrechten sind die neuen Islamophoben keine Antiamerikaner, im Gegenteil, sie sehen sich mit den amerikanischen Neokonservativen, deren Paranoia ihrer eigenen ja tatsächlich sehr ähnlich ist, in einer Front gegen den islamischen »Totalitarismus«. Den in rechten Kreisen traditionell virulenten Antisemitismus haben sie durch bedingungslose Israelsolidarität ersetzt – klar, schließlich ist Israel von Moslems regelrecht umzingelt und, wenngleich von Juden bewohnt, in der Phantasiewelt der Kämpfer gegen den »Islamofaschismus« gewissermaßen ein Vorposten des »christlichen Abendlandes«. So proklamiert das Anti-Moslem-Internetnetzwerk »Politically Incorrect« in seiner Kopfzeile stolz seine Grundsätze: »Pro-amerikanisch – Pro-israelisch – Gegen die Islamisierung Europas.« Getragen betont man das »jüdisch-christliche Erbe« gegen den »artfremden« Islam.

Noch eines ist bemerkenswert am neukonservativen Islam-Bashing: Man kann damit auch in christlichen Kreisen punkten. Waren die Kirchen wegen ihres Gebots der Nächstenliebe bis zur jüngsten Jahrtausendwende ein Wall gegen die klassische ausländerfeindliche Hetzerei, so stellt sich die Sache ganz anders dar, wenn man einen

Kampf zweier religiös-kultureller Traditionen konstruiert. Die christlichen Milieus sind für den Wahn von der »Islamisierungs«-Gefahr viel anfälliger, als sie es für die »Ausländer-Raus«-Slogans waren. Nach dem 11. September 2001, als die dschihadistische Terrorsekte Al-Qaida Passagierflugzeuge in das World Trade Center und das Pentagon jagte, vermischte sich die Auseinandersetzung mit dem militanten Islamismus sehr schnell mit einer Religionskriegs-Rhetorik. »Wir sollten in ihre Länder einfallen, ihre Führer töten und sie zum Christentum bekehren«, schlug die neurechte Kampf-Polemikerin Ann Coulter schon kurz nach den Anschlägen von New York und Washington vor. In der Phantasiewelt der neuen Konservativen vermengt sich alles: Terrorismus mit Integrationsschwierigkeiten, der Patriarchalismus türkischer Familien, der demografische Wandel in Europa, die Abtreibungsdebatte, die Diskussionen um Krieg und Frieden. Alles wird über einen Kamm geschoren und in einen windschiefen Deutungsrahmen gepresst, bis sich die Lage für neukonservative Gemüter so darstellt: Wir haben die Aufklärung und die Toleranz erfunden, die anderen sind intolerante Heißsporne. Wir werden weniger. Die werden mehr. Wir sind feige, »die« sind gefährlich. Also müssen wir auch wieder richtig kriegerisch werden. Damit wir die Aufklärung gegen »die« so richtig schneidig verteidigen können. Und wer nicht mitmacht, kommt nach Guantanamo. So wurde eine neue Geisteshaltung erfunden: die der aufgeklärten Intoleranz, Vorstufe zum plumpen Hass. Da kann es schon vorkommen, dass noch der rustikalste bayerische CSU-Pascha regelrecht zum Feministen wird: Wenn es um Kopftuchträgerinnen und in ihren Familien gegängelte Türkenmädchen geht, entdeckt selbst der letzte Macho aus dem Hinterwald sein Emanzenherz.

Dass sich dieser kampfeslustige Kriegsjargon mit panischen Untergangsphantasien mischt, ist eine der hübscheren Seltsamkeiten dieser politischen Pathologie. Das Christentum wird beschworen, aber ohne das Basisprinzip der Evangelien, das schließlich lautete: »Fürchtet Euch nicht.« Die neukonservativen Christentumsverteidiger fürchten sich nämlich ständig. Wer einen Zwei-Tage-Bart trägt und irgendwie fremd aussieht, der könnte schließlich einen Bombengürtel unter dem Hemd tragen. Ein Ausländerkind, das im Park zu laut Fußball spielt, ist neuerdings nicht mehr der Türkenbub, sondern der Moslem, der »nicht zu uns passt«. Und da Muslime mehr Kinder bekommen als die durchschnittliche europäische Wohlstandsfamilie, werden sie einmal in der Mehrheit sein und wir in der Minderheit. So fordert der ultrakonservative Salzburger Erzbischof Andreas Laun, man solle »christliche Einwanderer ins Land holen«, weil sonst »die Moslems aus Europa ein durch und durch islamisches Land machen«. Auch unter vernunftbegabteren Kirchenführern sieht man das grassierende antimuslimische Ressentiment durchaus als Gelegenheit, die eigenen Bataillone etwas besser aufzustellen. Katholische Denker überbieten sich neuerdings geradezu darin, den Islam als prinzipiell gewalttätige, das Christentum als grundsätzlich friedliebende Religion darzustellen, die aus sich heraus die Werte der Aufklärung, der Toleranz und die

Säkularisierung entwickelt habe, als wären ihr diese nicht von den Aufklärern abgerungen worden – wofür die meisten übrigens Verfolgung durch den Klerus und seine staatlichen Schutzmächte erdulden mussten. Man feiert die »Renaissance der Religionen« und hofft in deren Zuge darauf, Europa, der »säkulare Kontinent«, könne seine »christliche Identität« wieder schätzen lernen – in Abgrenzung zu den bösen Moslems. »Den Kulturen der Welt ist die absolute Profanität, die sich im Abendland herausgebildet hat, zutiefst fremd«, schrieb etwa Papst Benedikt XVI., als er noch Kardinal war. »Insofern ruft uns gerade die Multikulturalität wieder zu uns selbst zurück«, gibt sich der katholische Chefideologe überzeugt – »auf das christliche Erbe unseres Kontinents«. Darüber hinaus könnten Kulturkonflikte mit Angehörigen anderer Religionen die Glaubensintensität der Christen selbst wieder steigern, glaubt man in den Kreisen klerikaler Marketingstrategen. Studien zeigten immerhin, dass etwa in Großbritannien der Anteil derer, die sich selbst als »Christen« bezeichnen, in Vierteln mit hohem Anteil an muslimischen Migranten signifikant ansteigt.

Anders gesagt: Das Moslem-Bashing hilft, das eigene Profil zu schärfen. Am rechtskatholischen Narrensaum ist man längst mit Verve bei der Sache. Weil die »lauen, kraftlosen Christen des dekadenten Westens« nichts gegen den »Baby-Holocaust« unternehmen, werden die Muslime bald die »Schlacht der Penisse« gewinnen, graut es den Machern des Internet-Portals »kreuz.net«. Dabei enthalte der »Kampfschrei der Moslems gegen den ›gottlosen Westen‹« auch eine Wahrheit, geben die krausen

Christen zu bedenken: »Sind wir nicht wirklich dekadent?« Bei aller Panik vor den »Muselmanen« wird manches Gute an ihren Aktivitäten gewürdigt: Etwa wenn in einer zwielichtigen Dschihadisten-Zeitung Homosexuelle attackiert werden – »Homo-Perverse«, wie man in den geistigen Katakomben der Ultrakatholiken meist sagt. »Homo-Unzüchtige seien auch häufiger von Krebserkrankungen betroffen«, zitiert kreuz.net und fügt zustimmend hinzu: »Darum empfiehlt der Artikel, einem Sodomisten nicht mehr die Hand zu geben: ›Man weiß nie, was für Bakterien und Keime sich an seiner Hand befinden.‹«

Prima, mit solchen kämpferischen Christen werden in neukonservativen Zirkeln neuerdings gemeinsam die »westlichen Werte«, Aufklärung und Säkularismus verteidigt. Der Gerechtigkeit halber sei hinzugefügt: Es kommt immer vor, dass ein paar Irre auf einen Zug aufspringen, dem Diktum des ultrareaktionären kolumbianischen Autors Gómez Dávila entsprechend: »Die Parteigänger einer Sache sind in der Regel die besten Argumente gegen sie.« Gewiss sind die verstockten Reaktionäre vom rechten Kirchenrand nicht für die Durchschnittschristen repräsentativ und diejenigen, die den Radikalismus oder etwa das anachronistische Verhältnis zu Frauenrechten kritisieren, wie sie in Teilen der muslimischen Welt anzutreffen sind, sind nicht für den bunten Kessel an Spinnern verantwortlich, die beim Bekämpfen der Moslems mitmachen wollen. Es ist auch nicht zu leugnen, dass unter Muslimen tatsächlich radikaler Wahn grassiert: Der 11. September war das Werk militanter Islamisten, und viele Menschen in der islamischen Welt hegten lange offene oder klammheimliche Sympathien für die Terroristen. Der moslemische Furor, wie er sich im Karikaturenstreit manifestiert, ist offenkundig, ebenso die patriarchale Unterdrückung in traditionsverbundenen Einwandererfamilien, die im Einzelfall bis zu »Ehrenmorden« gehen kann. All dies darf nicht hingenommen werden, und was »nicht hinnehmen« heißen kann, darüber muss diskutiert werden. Es wird wohl ein kluger Mix an Politik gebraucht: eine Stärkung der modernistischen und säkularen Kräfte in der muslimischen Welt, Hilfe für die Kinder aus deklassierten Einwandererfamilien, damit sie dem Kreislauf aus Armut, Chancenlosigkeit und Radikalisierung entkommen – aber auch einen entschlossenen Kampf um die Werte des säkularen, westlichen Staates und, falls nötig, polizeiliche Härte, wenn es um Verbrechen geht, ja als ultima Ratio auch Kriege, wenn Terroristen Massenmorde begehen oder gar an nichtkonventionelle Waffen herankommen wollen. All das braucht kluge Abwägung. Weder dürfen wir Dinge, die wir in anderen Fällen als Menschenrechtsverletzungen charakterisieren, als »kulturtypisch« für den Orient bagatellisieren, noch ist es ratsam, alle Muslime zu Terroristen oder deren Sympathisanten zu stempeln. Das hätte, erstens, mit der Wirklichkeit nichts zu tun, und zweitens wäre es auch keine Erfolg versprechende Strategie, Menschen unter Generalverdacht zu stellen und fortwährend zu diskriminieren, wenn man sie für die eigenen Werte der Toleranz und des Liberalismus gewinnen will.

Es braucht, kurzum, einen klaren Blick auf die reale Welt. Klingt betulich und so pragmatisch, dass es schon wieder fad ist? Macht nichts: Die Wirklichkeit ist nun einmal komplex, und Lösungen, die faszinierend einfach klingen, sind in aller Regel zu simpel für die Auseinandersetzung mit den Problemen der wirklichen Welt. Freilich, eine solche vernünftige Haltung verunglimpfen die neuen Konservativen schon als gefährliche Abwiegelungs-Strategie, als Einknicken vor dem »Islamofaschismus«. Der leiseste Versuch, zu ergründen, warum in manchen Weltgegenden die US-Armee nicht als bewaffneter Arm von Amnesty International angesehen wird, gilt den neuen Konservativen schon als verdammenswertes »Appeasement«. Ein perfider Vorwurf übrigens: Denn »Appeasement«, zu deutsch »Beschwichtigungspolitik«, nannte man in den dreißiger Jahren den untauglichen Versuch britischer Staatsführer, der Aggression des deutschen Nazi-Regimes mit Diplomatie zu begegnen. Sie hatten nicht verstanden, dass einer wahnhaften rassistischen Welteroberungspolitik nur mit militärischer Gewalt beizukommen ist. Die neuen Konservativen bezeichnen nun alle Versuche, mit anderen Mitteln als mit Waffen auf Gefahren zu reagieren, als solch wankelmütiges Geschwächle. Jeder Versuch, der Diplomatie eine Chance zu geben, und jeder Hinweis, dass Gut und Böse in der realen Welt nicht immer eindeutig und klar verteilt sind, wird mit dem Appeasement-Vorwurf abgeschmettert: Egal, ob es um autoritäre Regimes wie das von Saddam Hussein geht, um antiwestliche Fundamentalisten wie die Hamas in Palästina oder die Hisbollah im

Libanon, um das iranische Atomprogramm, die autokratischen und neoimperialen Tendenzen in Wladimir Putins Russland, gewalttätige Jugendbanden in Neuköln oder um serbische Warlords in Bosnien, gescheiterte Staaten in Afrika oder herrschsüchtige Türkenpaschas in Ottakring – wer nicht ohne Wenn und Aber fürs Draufhauen ist, der betreibt »Appeasement«, so der Tenor der militanten Abendlandverteidiger. Dabei wird übrigens auch das Nazi-Regime bagatellisiert, denn jedes globale oder lokale Problem, mag es erst- oder auch zweitrangig sein, wird sofort moralisch auf eine Ebene mit jener Terrorherrschaft gestellt, die den größten Völkermord der Geschichte verbrochen hat. »Am aktuellen Appeasement arbeiten die Gutmenschen aller Art«[123], schreibt der Schriftsteller Richard Wagner, dem man einst ein weniger plumpes Verhältnis zur deutschen Sprache nachsagte. Weil linksliberale Abwiegler nicht bedingungslos jeden Krieg des Westens gegen den Rest der Welt unterstützen, halten uns islamische Fundamentalisten mit Recht »für schwach, dekadent und nicht einmal bedingt abwehrbereit«, klagt Henryk M. Broder.[124] Den Bedenkenträgern fehle es einfach an Entschiedenheit, meint auch Ann Coulter, die wenigstens nicht vorgibt, sich an irgendwelchen schriftstellerischen oder intellektuellen Standards zu orientieren. »Gefährliche Regime, die von verrückten Leuten regiert werden und Probleme machen, ja, ich finde, wir sollten sie niederhauen«, lautet ihr Vorschlag. Aber diese frische, heroische Entschlossenheit können die vergreisten und verzärtelten Europäer einfach nicht verstehen, konstatiert auch Robert Kagan, einer der führenden amerikanischen neokonservativen Publizisten: »Die Europäer sind von der Venus, die Amerikaner sind vom Mars.« Soll heißen: Die Europäer verhalten sich, als würden sie den Planeten der Liebensgöttin bewohnen, die Amerikaner dagegen, als würden sie auf dem Planeten des Kriegsgottes leben. Selbstverständlich, so legt Kagans einfältige Dichotomie nahe, ist die raubeinige, martialische Mentalität der Amerikaner der Realität einer gefährlichen Welt viel angemessener als die gemessene Verständnishuberei der Europäer. Jahrelang hat Kagan die Propagandatrommel für den »Krieg gegen den Terror« gerührt und jetzt, wohl weil dieser so ein toller Erfolg wurde, will er den Westen in eine neue Schlacht führen und den Kampf gegen die autokratischen Großmächte Russland und China aufnehmen.

Sagen wir es offen: Die neukonservativen Haudrauf-Publizisten haben in ihrer Problemanalyse nicht durchweg unrecht. Der islamische Fundamentalismus ist tatsächlich ein globales Problem, und viel zu viele Muslime sind vom Virus des Radikalismus infiziert. Es ist auch gewiss nicht nur eine Freude, Bürger einer un- oder halbdemokratischen Autokratie wie Russland oder China zu sein. Zudem sind diese beiden Großmächte Rivalen des Westens im Wettbewerb um Märkte und Rohstoffe geworden. Aber das Verständnis der neuen Konservativen für politische Prozesse ist, um es freundlich auszudrücken, unterkomplex. In ihrer Phantasie-Ideologie stellt sich die Welt in etwa so dar: Der Westen hat liberale Demokratie, Freiheit und Marktwirtschaft verwirklicht. Doch da und dort gibt es Leute – antiwestliche Staatsführer, verhetzte Massen, oder gar irgendwie Andersartige –, die uns unsere Lebensart vermiesen wollen. Sie verstehen nur die Sprache der Gewalt. Aber es gibt eine Möglichkeit, die Probleme aus der Welt zu schaffen: Man muss nur mit westlichen Armeen in diese Problemzonen einmarschieren, die Bösen wegräumen und die westliche Demokratie und Lebensart exportieren. Dies ist erstens praktikabel und zweitens menschenfreundlich, denn die Mehrheit der Bürger überall in der Welt lechzt danach, von uns befreit zu werden. Mag der Akt der Befreiung für die Freiheitsliebenden auch etwas unkomfortabel sein – schließlich kommen wir nicht darum herum, ihnen ein paar tausend Sprengsätze auf den Kopf zu werfen und Marschflugkörper um die Ohren zu jagen –, so werden sie das Resultat schon zu schätzen wissen. Zumindest jene, die die Befreiung überleben. Kurzum: Sind die üblen Kerle einmal gestürzt und unschädlich gemacht, dann wird alles gut.

So in etwa sollte das Szenario auch im Irak ablaufen. Aus Gründen, die jeder Mensch, der nicht unter völligem Realitätsverlust leidet, vorhersehen konnte, lief die Sache nicht so rund. Selbst wenn sie mit ihrer diktatorischen Regierung nicht einverstanden sind, finden die Bürger eines Landes es keineswegs nur toll, wenn ihre Nation von einer anderen Macht besetzt wird. Zweitens entwickelt Besatzung ihre eigene Dynamik: Die alte, diktatorische Ordnung zerfällt, doch eine neue, demokratische Ordnung ist nicht leicht zu etablieren. Meist folgt zunächst Chaos, ein Zustand der Herrschaftslosigkeit, ein Machtvakuum, in dem sich Banden, Milizen und Warlords breitmachen. Die Besatzungsmacht ist zunehmend Angriffen ausgesetzt: von den Anhängern des alten Regimes, von neuen politischen Akteuren, die aus patriotischen Gründen die »Invasoren« aus dem Land werfen wollen, von Terroristen, die ihr eigenes Süppchen kochen, oder einfach von Kriminellen, für die das Chaos eine hervorragende Geschäftsgrundlage ist. Bald können die Besatzer kaum mehr unterscheiden, wer sie aus welchen Gründen angreift, ja, ob der Passant, der gerade die Straße überquert ein harmloser Bürger oder ein gefährlicher Feind ist. Man schießt als erster und fragt erst später. Die Besatzung verroht – den Besatzer. Und diese Rohheit bringt wiederum jene Bürger des besetzten Landes gegen die »Invasoren« auf, die lange die Sache indifferent verfolgten. Dass die Besatzer vorgeben, die »Freiheit« als Geschenk im Gepäck mitzubringen, erscheint den Bürgern des besetzten Landes bald nur mehr lachhaft. Drittens führt die Diskreditierung jedes Versuchs, andere Mentalitäten und Kulturen zu verstehen, schnell zu einem Tunnelblick: Man verweigert sich der bloßen Vorstellung, dass andere die eigenen »guten« Absichten nicht als selbstlose Freundlichkeit verstehen könnten. Man ist zwar martialisch, gibt sich kriegerisch entschlossen und wirft sich gegenüber den Bösen in die Drohgebärde, aber man droht ja für das Gute, man bombardiert zwar, doch für eine friedliche Welt und, ja, im Notfall foltert man für die Liberalität. Und dann ist man echt verwundert, dass Fremde das eigene Vorgehen als aggressiv, bedrohlich, einschüchternd wahrnehmen. Dabei ist durchaus erwägenswert, dass manche Regime aggressive Handlungen nur deshalb begehen, weil sie sich bedroht fühlen – beispielsweise alles versuchen, um in den Besitz einer Atombombe zu kommen, da sie glauben, die Weltmacht des Guten so vor einer Invasion abschrecken zu können.

Es ist fast ein Treppenwitz, über den man herzhaft lachen könnte, wenn er nicht so traurig wäre: Weil die neuen Konservativen besessen sind von der Vorstellung, wir lebten in einer gefährlichen Welt, in der die Verursacher von Problemen nur mit militärischer Entschlossenheit in die Schranken gewiesen werden können, produzieren sie viele Probleme und Gefährdungen oftmals erst. Sie lieben martialische Töne und wundern sich, dass es aus dem Wald schallt, wie man in ihn hinein ruft. Sie erklären ganze Gesellschaften zu einem Hort des Bösen und sind ganz betroffen, dass ihnen aus diesen keine Zuneigung entgegenschlägt. Sie imaginieren eine Welt, in der hinter jeder Ecke eine Gefahr droht, gegen die man nur gerüstet ist, indem man sich bis an die Zähne bewaffnet – und machen die Welt dadurch erst richtig gefährlich. Die neuen Konservativen sind, was immer sie sich subjektiv einbilden mögen, eine Gefahr für die Freiheit, den Frieden und die Liberalität.

Übrigens soll man die subjektiv guten Absichten der neuen Konservativen keineswegs überbewerten. Selbstverständlich wäre es übertrieben, sie als Menschen mit hehren Zielen darzustellen, die bloß irregeleitet sind und die Untauglichkeit der von ihnen favorisierten Mittel nicht einsehen, als liebenswürdige Narren sozusagen. Denn die Eigentümlichkeiten der neuen Konservativen erweisen sich gerade und vor allem in diesen Mitteln. Die neuen Konservativen sind Schreibtischgeneräle, Möchtegernmachos, die sich Kriege ausdenken, für die andere sterben müssen. Obwohl die Konservativen die Schlachtfelder, auf die sie andere kommandieren, nie betreten, fühlen sie sich sehr männlich, wenn sie von ihren Offices aus die Welt mit ihrem Jargon überziehen: Einmarschieren, Draufhauen, entschieden Zupacken. Sie sind auf seltsame Weise fasziniert von ihrer eigenen Rhetorik der Härte, ganz ergriffen von den Gefährdungen, die sie sich in ihren Schreibstuben ausmalen, von den Abenteuern, die sie in ihren Phantasien ausleben. Sie sehnen sich nach einem »Ernst« des Lebens, nach Situationen, in denen ihre Männlichkeit noch einer existenziellen Prüfung unterzogen werden könnte. Ihre gesamte politische Publizistik ist ja, wie wir gesehen haben, von Kriegsmetaphern durchzogen, etwa wenn sie die Härte des Wirtschaftslebens preisen, den Kampf jeder gegen jeden am freien Markt, den sie sich als einen gefährlichen Ort phantasieren, an dem die Gesetze des Dschungels herrschen. Die irre Welt der neuen Konservativen ist nicht zuletzt eine Männerphantasie. Wenn sich zwischen den Schreibtisch-Sheriffs gelegentlich eine Frau findet, so ist sie mehr eine Projektionsfläche des Männlichkeitsideals, vergleichbar der Revolverheldin Calamity Jane im Wilden Westen, die zwischen all den Banditen, Raubeinen, Gangstern und schießwütigen Gesetzeshütern nur die Ausnahme darstellte, die die Regel zu ihrer Bestätigung braucht.

Das Lied von der männlichen Härte, das die neuen

Konservativen in hohen Tönen singen, ist freilich eines der bedrohten, der verunsicherten Männlichkeit. Daher der Spott über das »verweichlichte« Europa, daher auch der Hass auf den Feminismus, der Männer angeblich »feminisiere«. Nicht selten erwecken sie den Eindruck von Muttersöhnchen, die unbedingt einmal etwas Aufregendes erleben wollen. Es geht um Politik, gewiss, aber auch um die emotionale Struktur derer, die sich von so etwas leicht fesseln lassen: Da ist die Faszination des Raubeinigen, die Bewunderung für die Entschiedenheit dessen, der nicht nach rechts und links schaut und keine Bedenken kennt. Und da ist auch der Widerwille gegenüber einer komplexen Welt, in der die einfachen Lösungen des einsamen Helden nichts mehr zählen. Der neue Konservativismus hat auch eine eigene Art politischer Ästhetik. Seine Protagonisten verachten den Diplomaten, der das Unheroische repräsentiert, und sie lieben den Marlboro-Mann, der sich den Weg freischießt und in den Sonnenuntergang reitet. Sie lieben die Ästhetik der Härte, auch wenn diese schon aus der Ferne als groteske Maskerade zu erkennen ist: Geradezu ein Sinnbild dafür war es, wie sich der damalige US-Präsident George W. Bush wenige Wochen nach Beginn des Irakkriegs in Air-Force-Uniform auf einem Flugzeugträger zeigte. Jener George W. Bush, der sich sogar um den Dienst bei der Nationalgarde drückte und in seinem Leben höchstens mal riskierte, betrunken die Stufen runterzufallen.

Aber die wirkliche Welt ist kein Boxring, und sie ist auch kein Dschungel. Mit einer Politik der hemdsärmligen Härte kann man das liberale, auf Gleichheit,

Gerechtigkeit und Respekt begründete Wertefundament des Westens nicht verteidigen – im Gegenteil, sie untergräbt diese Werte. Gewiss muss auch in Richtung eines blauäugigen Pazifismus gesagt werden: Es hat in der Vergangenheit und es wird auch in Zukunft Fälle geben, wo man in allerletzter Konsequenz nicht umhin kommt, diese Werte mit Waffengewalt zu verteidigen – wo man Blutsäufern und Menschenschindern in den Arm fallen muss. Aber eine Politik der ständigen Drohungen, des Einschüchterns und Einmarschierens wird das System der liberalen Demokratie des Westens nicht gerade attraktiv machen. Die demokratischen Rechtsstaaten werden nicht an Glaubwürdigkeit gewinnen, wenn sie fortgesetzt auf das Recht des Stärkeren setzen. Man überzeugt niemanden von der moralischen Überlegenheit der eigenen Werte, wenn man ihn fortwährend diskriminiert. Umgekehrt gilt: Die liberalen Demokratien des Westens fuhren immer dann am besten, wenn sie sich auf ihre sanfte Macht, auf ihre »soft power« verließen. Die »Toleranz« und der »Dialog« sind keine falschen Werte für verweichlichte Zivilisten, die Konflikten aus dem Weg gehen wollen. Sie sind Werte an sich, aber sie sind mehr als das: Von ihnen lebt das Betriebssystem der Demokratie. Wer auch in schwierigen Situationen seine Strategie auf »soft power« aufbaut, gibt immer ein gutes Beispiel. Wir kennen Phasen, da setzte der Westen auf Überzeugung und Vorbildwirkung. In der globalen Ost-West-Konkurrenz wurde ein blockübergreifender Verständigungsprozess initiiert, darüber hinaus bestach der Westen durch sein überlegenes System, das für weite

Bevölkerungsteile Wohlstand und soziale Absicherung brachte, eine liberale Demokratie aufbaute, in der niemand wegen seiner Meinungen Angst um Leib und Leben haben musste und in dem ungeliebte Regierungen abgewählt werden konnten. Der Westen »führte« die Welt durch Überzeugung, nicht durch Einschüchterung. Dort, wo er von diesen Prinzipien abwich, stieß er auf heftigsten Gegenwind – etwa in Lateinamerika, wo die USA in den siebziger und achtziger Jahren finstere Diktatoren stützten und mithalfen, demokratisch gewählte Regierungen zu stürzen. Wo er sich aber an diese Prinzipien hielt, gewann er die Blockkonkurrenz als strahlender Sieger – allen voran in Europa, dem Kontinent »von der Venus«. Eigentlich ist es ganz simpel: Man wird die Sache der Gerechtigkeit mit ungerechten Mitteln schwer voranbringen. Man wird die Gewalt nicht aus der Welt schaffen, indem man sie mit Bombenteppichen überzieht. Und man wird die Menschenrechte kaum schützen können, wenn man Menschen gegeneinander aufhetzt.

Die meisten Menschen verstehen das. Nur die Konservativen, die können das aus irgendwelchen Gründen nicht verstehen.

7. Eine schrecklich nette Familie

Die Menschen sind soziale Tiere.
Nicht wer am besten konkurriert, gewinnt,
sondern wer am besten kooperiert.

Wir haben langsam eine gewisse Ahnung davon, wie die Konservativen ticken, wie sie »denken« – wenn dieses große Wort in diesem Zusammenhang erlaubt ist. Mal sind sie für Reformen und »Regime Change«, oft aber gegen jeden »Wandel«. Mal beschwören sie »Werte«, dann schwadronieren sie wieder von der »realen Welt«, die sich nicht nach unseren Wünschen richte, in der vielmehr das Gesetz des Dschungels herrsche. Sie lobpreisen das Christentum, verlachen aber Pazifisten, die »Du sollst nicht töten!« sagen. Sie lieben die kinderreiche Familie, beschimpfen aber alleinerziehende Mütter. Sie verteidigen das Existenzrecht des »ungeborenen Lebens« und rufen anderntags nach der Todesstrafe. Sie verdammen die »Fäkalkunst«, nutzen die moderne Malerei jedoch zum Protzen. Sie schmeißen sich an den »kleinen Mann« ran und werfen sich kurz danach schnöselig in Eliten-Pose. Aber wie sieht die Systematik von all dem aus? Gibt es ein paar konservative Prinzipien, die durchaus widersprüchlich sein können, und kreisen um diese Grundsätze diverse mögliche konservative Haltungen, die keineswegs immer sehr viel miteinander zu tun haben müssen? Möglicherweise sind Konservative einfach nur Gaga im Kopf, möglicherweise aber gibt es hinter all diesem kuriosen Eklektizismus ein strukturierendes Prinzip, einen Grundton, auf den das konservative Gehirn gestimmt ist.

Wir haben schon von dem amerikanischen Sprachwissenschaftler George Lakoff gehört, einer Kapazität der Cognitive Linguistics, der sich genau diese Frage gestellt hat. Ja, so ein strukturierendes Prinzip müsse sich finden lassen, meinte Lakoff, der seit Jahr und Tag darüber forscht, wie sich Weltbilder formen, wie Sprachbilder entstehen, an Hand derer wir die Welt und die Wirklichkeit deuten. Da die Familienwerte den Konservativen so wichtig sind, müsste dieses Prinzip mit einem Familienbild beschreibbar sein, glaubte Lakoff. Er wusste aus seiner linguistischen Arbeit, dass wir die Welt nicht rational »begreifen«, sondern Weltdeutungen in Form von Metaphern im Kopf haben, in die wir alle weiteren Informationen einfügen. Wenn die Fakten in diesen Rahmen hineinpassen, fügen sie sich in unser Weltbild ein; wenn sie nicht in diesen Rahmen hineinpassen, werden wir sie ignorieren oder ihnen zumindest keine allzu große Bedeutung beimessen. Die Metapher, die das konservative Weltbild strukturiert, ist das Modell des »strengen Vaters«, so Lakoff. Für die Konservativen ist die Familie die wesentliche ökonomische und gesellschaftliche Einheit, mit dem Vater als entscheidender Figur. Die Konservativen haben gewissermaßen eine Geschichte im Kopf, und die lautet so: »Ja, die Welt birgt Gefahren, und der Vater muss moralisch stark genug sein, um die Familie gegen Böses zu verteidigen und vor Schaden zu schützen. ... Weiter ist es die Aufgabe des

Vaters, die Familie zu ernähren.«[125] Auch die Mutter hat ihre Aufgaben, aber die sind deutlich von denen des Vaters unterschieden. Nicht zuletzt deshalb, weil die Mutter nicht in der Lage ist, »die Familie gegen die Welt zu behaupten«. Die Welt ist aber nicht nur ein gefährlicher Ort, sie ist ein harter Ort, weil es in ihr Wettbewerb gibt. Es wird immer Gewinner und Verlierer geben. Die Familie soll die Kinder zu disziplinierten Bürgern heranbilden, damit sie in dieser harten Welt bestehen können. Die Kinder müssen lernen, »gut von schlecht zu unterscheiden«[126], und es ist die Aufgabe des Vaters, es ihnen beizubringen. Die Kinder müssen gehorchen. Denn es gibt in dieser Familie eine hierarchische Kommunikationsstruktur mit dem Prinzip: »Father knows best.« Das ist übrigens keineswegs ein Prinzip der Lieblosigkeit: »Konservative Eltern lieben ihre Kinder, wie es alle Eltern tun«[127]. Wenn sie ihre Kinder maßregeln und bestrafen, tun sie das nicht aus Böswilligkeit, sondern aus Liebe und Verantwortung gegenüber dem Kind. Denn die Kinder werden sich in der kompetitiven Welt nicht durchsetzen können, sie werden im Leben nicht bestehen können, wenn sie nicht zu moralischen Individuen werden, die Selbstdisziplin gelernt haben.

Solche innere Disziplin, schreibt Lakoff, habe aber in der Weltdeutung der Konservativen »einen sekundären Effekt«. Wenn Menschen diszipliniert sind »und ihren Eigeninteressen folgen, dann werden sie wohlhabend«.[128] Das bedeutet freilich, dass Moral und wirtschaftliche Prosperität miteinander verbunden sind: Jeder hat die Möglichkeit, erfolgreich zu sein. Und im Umkehrschluss heißt das: »Wenn einer nicht erfolgreich ist, dann ist er einfach nicht diszipliniert genug, besitzt keine moralische Stärke.«[129] Diese Ableitung erlaubt es den Konservativen, ihre »Werteorientierung« mit Hartherzigkeit und Brutalität zu verbinden, eine Kombination, die so vielen Menschen als widersprüchlich erscheint. Aber innerhalb des Rahmens der konservativen Phantasie-Ideologie ist eine solche Kombination überhaupt nicht widersprüchlich. Auch die Präferenz von Konservativen für den Abbau von Sozialprogrammen lässt sich, so betrachtet, mit einer Ethik begründen. Sozialpolitik heißt nämlich nicht nur, dass Menschen etwas erhalten, was sie nicht verdienen, sie würden auch noch belohnt für undiszipliniertes Verhalten und das würde ihnen nicht helfen, zu moralisch höherwertigen Menschen zu werden. Im Gegenteil, sie würden in ihrer Undiszipliniertheit bestärkt, sie würden abhängig und sie hätten keine Möglichkeit, jene Charaktereigenschaften zu entwickeln, die nötig sind, um in einer Welt, in der das Gesetz des Dschungels herrscht, zu bestehen. Durch ein solches Prisma betrachtet sind Sozialprogramme tatsächlich »unmoralisch« und deren Abschaffung »moralisch«[130].

Eine solche Moral kann es auch nicht zulassen, dass andere Menschen nach einer anderen Moral leben. Warum hat ein Familienvater, der in einem kleinen Dorf in, sagen wir, Niederösterreich oder Bayern lebt, etwas gegen die moralische Verluderung der Großstadt oder warum echauffiert er sich über die Homo-Ehe? Mit einigem Glück wird er nie in seinem Leben einem homosexuellen Paar begegnen. Aber es gibt für die Konservativen natürlich nur ein Wertesystem, das für die notwendige innere Disziplinierung sorgt. Alternative Wertesysteme würden die Autorität dieses Modells gefährden. Konkurrierende Modelle würden die unhinterfragbare, legitime Autorität des strengen Vaters herausfordern. »Es ist also eine moralische Pflicht des Vaters, das eigene Wertesystem nicht nur in der Familie aufrechtzuerhalten, sondern zusätzlich nach außen hin zu verteidigen, indem er alternative Wertesysteme bekämpft.«[131]

Reizt Lakoff seine Metapher nicht etwas zu weit aus? Konservative neigen zweifellos zum traditionellen, konservativen Familienmodell – aber heißt das, dass sie es auf die ganze Welt übertragen? Dass nur jene Menschen, die mit einem autoritären Vater aufgewachsen und entsprechend neurotisiert worden sind, zu Konservativen würden, kann man ja nicht behaupten. Konservativismus ist schließlich keine psychische Krankheit – leider, wäre man fast versucht zu sagen, denn dann wäre Konservativismus heilbar. Lakoffs Modell ist durchaus erhellend, auch wenn man nicht jeden Satz wörtlich nehmen muss. Zunächst: Weltbilder stützen sich auf einen Rahmen der Weltdeutung, sind tief in der Mentalität eines Menschen verwurzelt, und ihnen ist weder mit »Fakten« noch mit dem Hinweis auf »Interessen« beizukommen – wäre es so, dürfte nie ein Schlechtverdienender eine konservative Partei wählen. Der schrille Neukonservativismus ist ein Mechanismus der Abwehr, eine Art, mit »Unsicherheit und Angst« umzugehen: Die Welt draußen ist voller Gefahren, und gegen die kannst du dich nur alleine oder mit deinen engsten Angehörigen verteidigen. Konservative sind in stetiger Abwehrstellung. Für sie stehen Menschen primär in Konkurrenz zueinander, dass auch Kooperation ein Prinzip menschlicher Interaktion sein könnte, kommt ihnen erst gar nicht in den Sinn. Der Konservative neigt zu Dogmatismus, mag keine Ambivalenzen, vermeidet Unsicherheiten, benötigt »kognitive Schließung«, schreiben die US-Psychologen Jack Glaser, Frank Sulloway, Jon Jost und Aric Kluglanski als Resümee einer breit angelegten Untersuchung, die sie im renommierten *Psychological Bulletin* veröffentlichten. »Ihnen genügt es eher, Dinge so in Schwarz und Weiß zu sehen und darzustellen, dass die Liberalen sich vor Entsetzen schütteln müssen.« Ironisches Detail: Dass die Arbeit durch Forschungsgelder von der National Science Foundation und dem National Institute of Mental Health finanziert wurde, brachte die Bush-Regierung schier zur Weißglut.[132] Doch auch andere Studien zeigten, dass Konservative die Welt eher als Bedrohung erleben als Progressive: So ergab eine Untersuchung in Großbritannien, dass bei konservativen Politikern durchschnittlich 50 Prozent aller Träume als Alpträume zu bewerten sind, bei Progressiven liegt der Wert bei 18 Prozent. Rechte wachen also viel öfter schweißgebadet auf als Linke[133].

Aber es gibt eine gute Nachricht: Die Welt ist nicht so, wie die Konservativen sie sich in ihren Angstphantasien ausmalen, und auch die Menschen sind nicht einfach Raubtiere, in den Kampf alle gegen alle verstrickt, wie die Konservativen suggerieren. Sie meinen zwar in streng sozialdarwinistischer Manier, dass wie im Tierreich auch unter Menschen der harte Kampf ums Überleben herrscht und nur der »Stärkste« überlebt. Doch das trifft nicht einmal auf das Tierreich zu. Darwin hat nie erklärt, dass der »Stärkste« überlebt – sondern er sprach vom »Survival of the fittest«. Das heißt aber: Am besten ist das Wesen gerüstet, das sich am besten an seine Umweltbedingungen anpasst. Dies schließt nicht nur Konkurrenz ein, sondern auch kluge Kooperation. Erst recht gilt das für ein soziales »Tier« wie den Menschen – dessen »Umwelt« im Wesentlichen von anderen Menschen geprägt wird. Fast könnte man sagen: Nicht der »Stärkste« überlebt, sondern der »Freundlichste«, also der, der am besten kooperiert und am meisten zur Entstehung einer kooperativen Ordnung beiträgt. Evolutionsbiologen sprechen neuerdings vom »Survival of the kindest«. Darwin selbst hat sich darüber Gedanken gemacht, warum in menschlichen Gemeinschaften der Kooperationsgeist sukzessive zugenommen hat, und die Ansicht vertreten, dass möglicherweise die kooperativeren frühen Menschengruppen in der Konkurrenz mit unkooperativen evolutionsbiologisch überlegen waren. Wie auch immer, all das soll natürlich nicht heißen, dass es nicht im zwischenmenschlichen Verkehr zu Gewalt, Mord, Totschlag und groben Gemeinheiten kommt – ohne Zweifel geschieht das. Es wäre lächerlich, das zu leugnen. Aber es ist doch ein Unterschied, ob man davon ausgeht, dass die Menschen quasi sozio-biologisch auf Konkurrenz und Kampf programmiert sind, wie das die Konservativen tun, oder ob man annimmt, dass sie sehr wohl auch zur

Zusammenarbeit, zu Altruismus und Generosität fähig sind und dass sie möglicherweise auch das Leiden ihrer Mitmenschen bekümmert. Kurzum: Menschen sind vielleicht sogar primär auf Kooperation gestimmt, und zwar, weil das für jeden einzelnen viel nützlicher ist, als andauernd im Kriegszustand mit dem Nachbarn zu stehen, aber auch, weil sie ein moralisches Empfinden haben. Sie wissen, dass sie mit anderen verbunden sind.

Daraus folgt, dass die »spontane Philosophie«, die instinktive Weltdeutung der Konservativen, einfach auf Imagination beruht. Das Weltbild der Progressiven ist dagegen der wirklichen Welt viel angemessener. Zugegeben: Viel mehr folgt daraus fürs Erste nicht. Keineswegs haben die Progressiven deswegen schon alle Lösungen in der Tasche. Die schwierige Aufgabe, sich stets aufs Neue den Kopf darüber zu zerbrechen, wie eine gerechte Gesellschaft und eine lebenswerte Welt aussehen soll, ist einem deshalb nicht abgenommen. Und diese Aufgabe ist nie erledigt: Erstens, weil man sich der »guten Gesellschaft« bestenfalls annähert, und zweitens, weil der soziale Wandel und der ökonomische Fortschritt und neues Verhalten der Menschen stets auch die Umstände ändern. Was gestern noch angemessen gewesen sein mag, kann sich heute schon als kontraproduktiv herausstellen. Die Welt ist ein dynamischer Ort.

Die Konservativen sind jene politische Kraft, die, entgegen ihrer Rhetorik, Ungleichheit und beschränkte Freiheit auf ihre Fahne geschrieben haben. Sie wollen, dass die Lebenschancen und materiellen Reichtümer grob ungleich verteilt bleiben. Und sie wollen die Freiheit der Menschen, ihr Leben zu gestalten, einschränken. Einerseits, in dem sie ihnen Moralvorschriften machen. Andererseits, indem sie dazu beitragen, dass die Unterprivilegierten in einer Lage verbleiben, die es ihnen nicht erlaubt, an Wohlstand und Fortschritt zu partizipieren. Und drittens, indem sie statt Sozialpolitik »Kriminalitätsbekämpfung« zu ihrem Steckenpferd machen und die Deklassierten, die »sozial unerwünschte« Verhaltensweisen an den Tag legen, ins Gefängnis sperren. So ist die amerikanische Häftlingspopulation in den vergangenen fünfundzwanzig Jahren, also seitdem die neuen Konservativen die politische Hegemonie errungen hatten, um das Fünffache gestiegen. Soviel zur politischen »Kraft der Freiheit«.

Die Progressiven sind dagegen jene politische Kraft, die mehr Gleichheit und mehr Freiheit verfechten: mehr Gleichheit an materieller Ausstattung, annähernde Gleichheit an Lebenschancen und damit die tatsächliche Freiheit, aus seinem Leben, aus seinen Talenten etwas zu machen. Bloß, was bedeutet das konkret zu Beginn des 21. Jahrhunderts? Früher hatten Linke das Bild einer »idealen« Gesellschaft im Kopf und waren höchstens unentschieden, ob man eher auf evolutionärem Weg oder besser durch eine krachende Zäsur – Revolution! – in dieses Reich der Freiheit gelangt. Aber was heißt heute »links«? »Ein Linker von heute spricht ungefähr so«, konstatierte die Hamburger *Zeit* unlängst: »Wie die ideale Gesellschaft aussieht, weiß ich auch nicht genau. Aber ich sehe etwas, das falsch läuft, hier und heute, und das möchte ich ändern.« Zeitgenössische Linke haben, anders als die neukonservativen Phantasten, keine simplen Antworten mehr zur Hand. Moderne Gesellschaften und die globale Ökonomie sind hochkomplexe Dinge. Es gibt nicht die drei, vier Stellschrauben, an denen man drehen kann, und schon entsteht eine bessere Gesellschaft. Oft hat das Drehen an einer Stellschraube einen positiven Effekt – aber zwei, drei Nebeneffekte, die wiederum neue Probleme aufwerfen. Aber man sollte diesen »Mangel« an einfachen Antworten nicht als Defizit sehen, sondern eher als »Gewinn«, als Resultat eines Lernprozesses: Man weiß um den Wert des Wohlfahrtsstaates, weiß aber auch, dass der Sozialstaats-Paternalismus freiheitseinschränkende Wirkungen haben kann – und dass es auch nicht so einfach ist, alle denkbaren Lebenslagen sozialstaatlich abzusichern. »Freiheit muss für eine moderne Linke ein zentraler Wert sein. Und zwar nicht der enge Freiheitsbegriff der Neoliberalen, sondern kurz gesagt: Freiheit, das eigene Leben bestimmen zu können«, sagt Katja Kipping, die Vizeparteichefin der deutschen Partei »Die Linke«. Und ihr Parteichef Lothar Bisky meint: »Ich erlebe durchaus, dass sozialistische Ideen überall dort an Attraktivität gewinnen, wo sie so verstanden werden, dass Menschen ihr Leben in die eigenen Hände nehmen.« Eine durchaus überraschende Sozialismus-Definition, bedenkt man, wie schwer seine Truppe an ihrem Erbe als einstige totalitäre DDR-Staatspartei zu tragen hat. Sie zeigt aber auch, welche Lernprozesse die zeitgenössische Linke durchgemacht hat. Optimale Lebenschancen für so viele wie möglich – das ist die Leitlinie einer zeitgemäßen Linken. Für die gibt es Aufgaben genug: Eine schmale

Schicht von Reichen hat ihr Einkommen seit 1980 verdoppelt, während die Einkommen unten stagnieren oder sogar schrumpfen. Global gesprochen: 59 Prozent der Weltbevölkerung leben in Ländern mit zunehmender Ungleichheit, wohingegen nur fünf Prozent in Ländern mit abnehmender Ungleichheit leben. Aber das muss nicht so sein. Es ist schlicht nicht wahr, dass wegen der »Globalisierung« oder der »technologischen Revolution« die Gerechtigkeit keine Chance mehr hat.

Gewiss, der westliche Wohlfahrtsstaat sieht sich Herausforderungen gegenüber. Eines dieser Probleme in Europa heißt »Alter«. Mitte dieses Jahrhunderts wird es in Europa um 50 Prozent mehr Alte geben als gegenwärtig. Zur Zeit geben die EU-Staaten im Durchschnitt 10 Prozent ihres Nationaleinkommens für Renten aus. Der Wert wird auf 15 Prozent steigen. Auch die Kosten für Pflege werden steigen, einerseits, weil die Menschen länger leben, andererseits, weil die zeitgenössischen Klein- und Patchworkfamilien nicht mehr genug zeitliche Ressourcen für die Pflege von Oma und Opa haben. Dänemark, das Land mit dem am besten funktionierenden Pflegesystem, gibt heute 2,9 Prozent seines Nationalproduktes für Pflege aus. In vierzig Jahren wird der Wert zwischen fünf und sechs Prozent liegen. Woher soll das Geld kommen? Die Antwort ist einfach: Es müssen mehr Menschen arbeiten, und wir müssen mehr Kinder bekommen, ansonsten werden viele soziale Errungenschaften in Frage gestellt werden. Diese beiden Ziele scheinen sich auf den ersten Blick zu widersprechen: Die Steigerung der

»Erwerbsquote« setzt voraus, dass mehr Frauen als bisher beschäftigt sind – wenn möglich Vollzeit. Aber wie können sie dann noch Kinder bekommen? Doch dies ist kein unlösbarer Widerspruch: Denn wir sehen heute schon, dass Frauenerwerbstätigkeit und Kinder sich nicht ausschließen. Im Gegenteil: In Industriegesellschaften, die dem traditionellen, konservativen Familienideal anhängen und in denen es deshalb eine relativ niedrige Erwerbsquote von Frauen gibt, werden die wenigsten Kinder geboren – in jenen Gesellschaften dagegen, in denen man die Frauen dabei unterstützt, ein eigenständiges berufliches Leben zu führen, werden die meisten Kinder geboren. Dort, wo es relative soziale Sicherheit gibt, wagen Frauen – oder Paare – die Gründung einer Familie eher, als da, wo es an solcher Sicherheit mangelt. Warum bekommen junge Menschen heute weniger Kinder? Viele glauben, dass dies eine Folge einer hedonistischen, egoistischen Kultur ist. Durch Meinungsumfragen wissen wir allerdings, dass der durchschnittliche Kinderwunsch eines europäischen Erwachsenen zwischen 2,2 und 2,3 Kindern liegt. Alle Erwachsenen, seien es Griechen oder Finnen, seien es Schweden oder Portugiesen, hätten also gerne mindestens zwei Kinder. Warum beträgt die Fertilitätsrate, also die Anzahl der Kinder, die eine Frau in ihrem Leben bekommt, in Spanien 1,3, in Österreich 1,4, in Deutschland 1,4 und in Finnland 1,8? Warum die Unterschiede? Und warum die Abweichung vom Ideal? Weil es an Kindergärten und Kinderkrippen mangelt, weil es an gesellschaftlicher Akzeptanz dafür mangelt, wenn man sein Kind ab dem ersten Lebensjahr tagsüber in eine Betreuungseinrichtung gibt und weil viele Frauen befürchten, dass sie im Berufsleben außer Tritt geraten, wenn sie Kinder bekommen und ein Jahr oder mehr Jobpause machen. Oder weil die jungen Leute einfach in zu großer Unsicherheit leben. Wo sie all diese Ängste nicht haben müssen, werden deutlich mehr Kinder geboren.

Freilich, wenn mehr Frauen arbeiten und es mehr Kinder gibt, die die künftige Erwerbsbevölkerung stellen, dann ist das nur eine notwendige Vorbedingung für Prosperität. Viel helfen würde das noch nicht, wenn sie nur das Heer der Arbeitslosen vergrößern. Allerdings gilt auch: Es gibt nicht die »fixe«, gewissermaßen beschränkte Zahl an Jobs in einer Gesellschaft. Die Anzahl der Jobs hängt von der Prosperität ab und die Prosperität wiederum von einer Reihe von Faktoren: Etwa vom Einkommensniveau und damit von der Konsum-Nachfrage oder von der Ausbildung der Menschen. Wir müssen deshalb sicher stellen, dass die Kinder, die heute geboren werden, eine möglichst optimale Ausbildung erhalten. Und es darf, da verhältnismäßig wenig Kinder geboren werden, keines zurückbleiben. Alle brauchen optimale Chancen. Deutschlands und Österreichs Zwei-Klassen-Bildungssystem »beschädigt unsere Konkurrenzfähigkeit direkt und indirekt«, schreibt Deutschlands SPD-Abgeordneter Karl Lauterbach. »Direkt, weil es die Arbeitnehmer nicht so ausbildet«, wie in einer modernen Gesellschaft nötig wäre, »und indirekt, weil es sich negativ auf die Geburtenrate auswirkt«[134]. Heute gilt: »Chancenlos in die falsche Familie geboren, nach schlechter Bildung arbeitslos und auf Hilfe des Staates angewiesen, bald schon unnötig erkrankt, dann arm und früh gestorben – das klingt wie ein schlechtes Drehbuch. Es ist aber zunehmend die Wirklichkeit für all jene Menschen, die ohne jedes Privileg in Deutschland geboren werden. Der Staat schafft eine Klasse systematischer Verlierer.«[135] Die Schaffung von Gerechtigkeit wird heute als das »Kürprogramm des Staates« angesehen, kritisiert der Bildungs- und Gesundheitsexperte Lauterbach, dabei wäre es »seine zentrale Pflicht. Die Privilegierten und ihre Lobbyisten behaupten aber, die Produktivität sei wichtiger. In Wahrheit jedoch verliert unsere Gesellschaft an Produktivität, weil sie so ungerecht ist.«[136]

Der Kampf gegen Chancenungleichheiten beginnt im Kindergarten, setzt sich mit guten Grundschulen fort und gipfelt in weiterführenden Schulen, die am besten nicht sehr früh damit beginnen, Kinder ins B-Team auszusortieren. Wir sehen also: Man kann etwas tun, trotz der »Globalisierung« und auch ohne einen utopischen »Idealstaat« im Kopf. Man sollte sich jedoch schon fragen, wie der dänische Sozialstaats-Theoretiker Gösta Esping-Andersen, auf dessen Forschungen sich übrigens die obenstehenden Absätze wesentlich stützen: »Wie wollen wir, dass unsere europäische Gesellschaft Mitte dieses Jahrhunderts aussieht?«[137]

Es wird ein Ende der Umverteilung brauchen – nämlich der, die wir in den vergangenen Jahrzehnten erlebt haben: der von unten nach oben. Und einer neuen Umverteilung bedürfen, die den Gewinnern ein paar Lasten mehr aufbürdet, damit die unten endlich wieder entlastet werden und Chancen bekommen. Dazu gehört ein gerechtes Steuersystem, aber auch ein kluger Umgang mit den öffentlichen Geldern; obligatorischer Kindergartenbesuch, Vorschuljahre, bessere Ausbildung des Betreuungs- und Lehrpersonals, bessere Bezahlung von engagierten, jungen Lehrern; dazu gehören Investitionen in Zukunftsbranchen, in Sonnenenergie und Biodiesel, in umweltschonendere Kohlekraftwerke und häusliche Energiesparmaßnahmen, aber auch Milliarden für die Modernisierung des Straßennetzes und die Infrastruktur und für die Renovierung der Schulen. Das sichert langfristig die Zukunft, unterstützt aber auch kurzfristig die Wirtschaft in einer der gefährlichsten ökonomischen Phasen seit langem.

Gleiche Lebenschancen geben allen Menschen die Freiheit, aus ihrem Leben etwas zu machen. Davon haben sie nicht nur als Individuen etwas, sondern wir alle: Es gibt mehr Menschen, die zum Wohlstand unserer Gesellschaften beitragen. Und es gibt dann auch mehr Menschen, die irgendwann meine Rente bezahlen. Soziale Sicherheit garantiert nicht nur den Individuen ein Leben ohne Angst und Bedrückung – sie können sich dann auch fortbilden, sie können jene Jobs wählen, die ihnen Spaß machen und in denen sie dann wohl auch mehr leisten werden. Und sie können so manches »Wagnis« eingehen. Das Wagnis beispielsweise, ein oder zwei Kinder zu bekommen. Das macht ihnen eine Freude – und ist für uns alle gut.

Die neuen Konservativen geben in praktisch jedem Fall die falschen Antworten: Berufstätige Frauen beschimpfen sie als maskulinisierte, egoistische Emanzen, qualitativ hochstehende Kinderbetreuungseinrichtungen werden als Institutionen zur »Verstaatlichung der Kinder« verächtlich gemacht, Anstrengungen zur Garantie gleicher Lebenschancen werden als »Gleichmacherei« verschrien und ein Steuersystem, das dazu dient, das Geld für all die notwendigen staatlichen Ausgaben bereit zu stellen, wird als »konfiskatorisch« kritisiert. Jeder einzelne Vorschlag der neuen Konservativen ist schädlich – und zwar für so ziemlich jeden von uns. Sie haben auch die Sprache ruiniert, und über das konservative Neusprech setzt sich so manche der Gewissheiten der rechten Phantasieideologie in unserem Gehirn fest: Sie sprechen von der Steuer-*Last*, als wären die Beiträge, die wir zu einem wohlorganisierten Gemeinwesen zahlen, etwas, was uns primär bedrückt. Sie weisen gerne darauf hin, dass Babys aufgrund der staatlichen Defizite »mit Schulden geboren werden«. Was sie nicht dazu sagen, ist: Wegen dieser »Schulden« – die natürlich nicht die des einzelnen sind und denen produktive Investitionen gegenüberstehen – überleben heute in hochentwickelten Industriestaaten nahezu alle Babys die Geburt und sie haben ihre Großeltern meist noch, wenn diese schon weit über achtzig Jahre alt sind. Denn mit den Geldern wurde ja eine hochwertige Infrastruktur aufgebaut, wozu ein funktionierendes Gesundheitssystem zählt, aber auch Spitäler der Spitzenklasse. Steuern und Sozialabgaben sind gewiss eine Last (wer hätte nicht gerne mehr Geld auf dem Konto?), aber wer würde gerne in einer Gesellschaft leben, in der die Menschen von einer solchen

191

»Last« entbunden sind? Es gibt solche Staaten auf diesem Globus: Somalia, Afghanistan, manche Gegenden Zentralafrikas. Man nennt sie »Failed States«. Wer lebt gerne in diesen Staaten? Wer will wirklich in einer Gesellschaft leben, in der der Staat kein Geld hat, die Polizei zu bezahlen, in Autobahnen zu investieren, in das Internet und in die Eisenbahn, in die Wissenschaft, in die Schulen und Universitäten, in die Medizinversorgung, in das Kommunikationssystem, in das Flugsystem und in die soziale Absicherung und in der man, wenn man einen Park durchquert, damit rechnen muss, von einem hungernden Armen ausgeraubt oder erschlagen zu werden. Meine Steuern und die Steuern meiner Vorfahren sind Investitionen in ein prosperierendes und gerechtes Gemeinwesen, sofern sie klug getätigt werden.

Diese »Last« – also die Vielzahl der Aufgaben, die wir in einem solidarischen Gemeinwesen gemeinsam schultern –, unterscheidet Gesellschaften, in der die Mehrzahl der Menschen frei von Bedrückung existieren kann, von jenen, in der das Gesetz des Dschungels herrscht. Es ist eine der großen Grotesken der Geschichte, dass sich die neuen Konservativen als Protagonisten der »Freiheit« präsentieren und die progressiven Kräfte zu Befürwortern der Gängelung stilisieren. Freilich, die Linke ist daran nicht ganz unschuldig, und zwar nicht nur deshalb, weil manche linke Parteien, allen voran die Kommunisten in Osteuropa, die demokratischen Freiheitsideale verraten haben. Ein bisschen sind die progressiven Kräfte in Westeuropa und in den USA auch in die Falle der Konservativen gegangen: Weil letztere die Werte der Freiheit und die der sozialen Gerechtigkeit gegeneinander ausgespielt haben, betonten die Progressiven primär den Wert der Gerechtigkeit, haben über den der Freiheit aber nicht mehr viele Worte verloren. In den meisten Fällen deshalb, weil sie der Meinung sind, dass ein Mangel an Freiheit in den gefestigten westlichen Demokratien kein wirkliches Problem mehr ist, wohingegen die soziale Ungleichheit zu einem immer stärkeren Problem wurde – in manchen Fällen vielleicht auch, weil sie die Auffassung vertreten, dass soziale Gerechtigkeit wichtiger als Freiheit ist. Das war ein schwerer Fehler. Erstens deshalb, weil, wie wir gesehen haben, weniger Gleichheit immer auch weniger Freiheit nach sich zieht, und zweites, weil die Linke immer die Kraft der Freiheit war. Viele Menschen haben sich leidenschaftlich für die Linke engagiert, weil sie gegen Unterdrückung, Diktatur und undemokratische Machenschaften aufgetreten ist. Das war vor 150 Jahren so, als die frühen Sozialisten in der Revolution von 1848 den Kampf für Freiheitsrechte wie Meinungs- und Pressefreiheit und demokratische Wahlen führten, ein Kampf, der damals noch von Kaiser- und Königtum niedergeschlagen wurde. Das war so, als die ersten Gewerkschaften das Recht der Arbeiter erkämpften, sich mit ihresgleichen zusammenzuschließen. Das war am Ende des Ersten Weltkrieges so, als in den meisten Ländern Europas die Monarchien stürzten und es oft die Anführer der sozialistischen und sozialdemokratischen Parteien waren, die demokratische Republiken ausriefen, in denen das freie und gleiche Wahlrecht

193

garantiert war. Das war in den dreißiger Jahren so, als es vor allem die progressiven Kräfte waren, die sich gegen den Aufstieg des Faschismus auflehnten und, wie etwa im spanischen Bürgerkrieg, beherzt für die Freiheit kämpften. Das war in den sechziger Jahren in den USA so, als die Bürgerrechtsbewegung ihren Kampf gegen die rassistische Diskriminierung der Schwarzen führte. Und das war noch in den sechziger und siebziger Jahren des vergangenen Jahrhunderts in Europa so, als einerseits sozialdemokratische Politiker wie Willy Brandt oder Bruno Kreisky den konservativen, beengenden Mief ausfegten und andererseits unorthodoxe Bewegungen und Gegenkulturen versuchten, freie und unkonventionelle Lebensformen zu entwickeln. Die progressiven Kräfte waren immer von der Gewissheit getragen: Ein anderes, ein freieres Leben ist möglich. Und die Mächtigen sind nur an der Unfreiheit interessiert. Die Unterprivilegierten haben sich gegen ihre Armut aufgelehnt, aber auch gegen Drangsalierung, Rassismus, Versklavung und Unfreiheit. In all diesen Jahrzehnten und Jahrhunderten waren die linken Bewegungen die Speerspitze der Aufklärung. Sie waren der Meinung, dass auch Arme und Ungebildete das Recht und die Fähigkeit besäßen, selbst zu denken – jeder einzelne von ihnen. Sie waren, so gesehen, deshalb auch eine mächtige Kraft des Individualismus. Es ist deshalb schon reichlich frivol und grotesk, wenn sich die Ego-Ideologen des neuen Konservativismus, die Erben jener, die immer auf der anderen, der falschen Seite standen, als Gralshüter der Freiheit aufspielen.

Zeitgenössische linke Bewegungen – Globalisierungskritiker, Nichtregierungsorganisationen, Menschenrechtsaktivisten, Fraueninitiativen, Aktivistennetzwerke im Internet – haben an diese Tradition ebenso angeknüpft wie viele Menschen, die in Kunst, Netzkultur, Sozialberufen, neuen und alten Medien, aber auch in Firmen neuer Art »ihr Ding« machen und dabei nicht primär an ihren eigenen materiellen Vorteil denken, sondern die Welt auf irgendeine Art und Weise voran bringen. Aber die progressiven Parteien haben in den vergangenen zwanzig Jahren mit diesem Erbe ein wenig Schindluder betrieben. Oft sind sie zu bürokratischen Apparaten erstarrt, oft verteidigen sie nur die Interessen ihrer treuesten Wähler. Packende Ideen, die über eine halbe Legislaturperiode hinausreichen, haben sie praktisch nie und ihre führenden Politiker oder Politikerinnen wirken meist nicht gerade wie Menschen, die dafür brennen, unsere Gesellschaften zugleich bunter, freier, aber auch gerechter und gleicher zu machen. Bestenfalls wirken sie wie brave Bürohengste, die das Staatswesen ordentlich verwalten und die schon mit Ende zwanzig so reden, als hätten sie ihr vierzigjähriges Parteijubiläum hinter sich. Es braucht hier einen neuen Elan.

Die gesellschaftliche Basis – also Menschen, die bereit wären, sich zu engagieren – gibt es und ebenso die Ideen, die nötig sind, um eine neue Ära zu prägen.

Yes, we can.

ANMERKUNGEN

1 Norbert Bolz: Die Helden der Familie. München 2006, S. 49.
2 Ebenda, S. 84.
3 Ebenda.
4 Ebenda, S. 31.
5 Udo di Fabio: Die Kultur der Freiheit. Der Westen gerät in Gefahr, weil eine falsche Idee der Freiheit die Alltagsvernunft zerstört. München 2005, S. 33.
6 Ebenda, S. 9.
7 Ebenda, S. 42.
8 Tod Lindberg: Von der Realität überfallen. Was wollen die Neokonservativen? In: Merkur 677/678, September/Oktober 2005, S. 845.
9 Ted Honderich: Das Elend des Konservativismus. Eine Kritik. Hamburg 1994, S. 33.
10 Ebenda, S. 44.
11 Helmut Dubiel: Was ist Neokonservativismus? Frankfurt/M. 1985, S. 12.
12 Ebenda, S. 131.
13 Irving Kristol: Neoconservativism. The Autobiography of an Idea. New York 1995, S. 131.
14 Ebenda, S. 103.
15 Dubiel, Was ist Neokonservativismus?, S. 38.
16 Kristol, Neoconservativism, S. 103.
17 Dubiel, Was ist Neokonservativismus?, S. 34.
18 Allan Bloom: Der Niedergang des amerikanischen Geistes. Ein Plädoyer für die Erneuerung westlicher Kultur, mit einem Vorwort von Saul Bellow. Hamburg 1988, S. 27.
19 Ebenda, S. 80.
20 Ebenda, S. 179 f.
21 Robert Locke: Leo Strauss, Conservative Mastermind. Frontpage, May 31, 2002. http://www.frontpagemag.com/ Articles/

Read.aspx?GUID=E1F7620E-B83A-4D01-869E-15391DEE2 F02

22 Leo Strauss: Tatsachen und Werte. http://euro.meinserva.de/ mauthner2004/mauthner/tex/strauss.html

23 Zitiert nach Bret Stephens: Hands up, Straussians! In: Jerusalem Post, June 4, 2003.

24 Kristol, Neoconservativism, S. 68.

25 Ebenda, S. 46.

26 Ebenda, S. 49

27 Ebenda.

28 Ebenda.

29 Honderich, Das Elend des Konservativismus, S. 51.

30 Bolz, Die Helden der Familie, S. 35 f.

31 Ebenda.

32 Albrecht O. Hirschmann: Denken gegen die Zukunft. Die Rhetorik der Reaktion. Frankfurt/M. 1995, S. 21.

33 Ebenda, S. 37.

34 Ebenda, S. 48 f.

35 Bloom, Der Niedergang des amerikanischen Geistes, S. 152.

36 Kristol, Neoconservativism, S. 101.

37 Dubiel, Was ist Neokonservativismus?, S. 34.

38 Irving Kristol: The Neoconservative Persuasion. In: Weekly Standard, August 25, 2003.

39 Christian Rickens: Die neuen Spießer. Von der fatalen Sehnsucht nach einer überholten Gesellschaft. Berlin 2006, S. 57.

40 Albrecht von Lucke: 68 oder neues Biedermeier. Der Kampf um die Deutungsmacht. Berlin 2008.

41 Dubiel, Was ist Neokonservativismus?, S. 31.

42 Zitiert nach Honderich, Das Elend des Konservativismus, S. 77.

43 Kristol, Neoconservativism, S. 109

44 Bolz, Die Helden der Familie, S. 81.

45 Honderich, Das Elend des Konservativismus, S. 287.

46 Paul Krugman: Nach Bush. Das Ende der Neokonservativen und die Stunde der Demokraten. Frankfurt/M. 2008, S. 114.

47 Ebenda, S. 131.

48 Sergio Benvenuto: Entzauberter Hermes. Strenger Vater, sorgende Mutter – Linke und Rechte im Kapitalismus. In: Lettre International 81, Sommer 2008, S. 97 ff.

49 George Lakoff / Elisabeth Wehling: Auf leisen Sohlen ins Gehirn. Politische Sprache und ihre heimliche Macht. Mit einem Vorwort von Freimut Duve. Heidelberg 2008, S. 36.

50 Ebenda, S. 37.

51 Honderich, Das Elend des Konservativismus, S. 18.

52 Ebenda.

53 Zitiert nach Lindberg, Von der Realität überfallen. Was wollen die Neokonservativen? In: Merkur 677/678, S. 846.

54 Daniel Bell: Die kulturellen Widersprüche des Kapitalismus. Frankfurt/M. 1991, S. 312.

55 Zitiert nach ebenda, S. 29.

56 Honderich, Das Elend des Konservativismus, S. 132.

57 Robert Nozick: Anarchy, State, and Utopia. Oxford 1980, S. IX.

58 Ebenda, S. 169

59 Zitiert nach Friedrich A. Hayek: Der Weg zur Knechtschaft. München 1994, S. 62.

60 Bell, Die kulturellen Widersprüche des Kapitalismus, S. 301.

61 Hayek, Der Weg zur Knechtschaft, S. 30 f.

62 Ebenda, S. 47.

63 Ebenda, S. 60.

64 Nozick, Anarchy, State, and Utopia, S. 234.

65 Harry Frankfurter: Gleichheit und Achtung. In: Angela Krebs (Hg.): Gleichheit und Gerechtigkeit. Frankfurt/M. 2000, S. 41.

66 Nozick, Anarchy, State, and Utopia, S. 151.

67 Zitiert nach Honderich, Das Elend des Konservativismus, S. 165.

68 Michael Walzer: Komplexe Gleichheit. In: Krebs (Hg.), Gleichheit und Gerechtigkeit, S. 190.

69 Ebenda, S. 190.

70 Dubiel, Was ist Neokonservativismus?, S. 73.

71 Ebenda, S. 74.

72 Krugman, Nach Bush, S. 273.

73 Bell, Die kulturellen Widersprüche des Kapitalismus, S. 301.

74 Hirschmann, Denken gegen die Zukunft, S. 17.

75 Zitiert nach ebenda, S. 35.

76 Krugman, Nach Bush, S. 12.

77 Ebenda, S. 154 f.

78 Inge Kloepfer: Aufstand der Unterschicht. Was auf uns zukommt. Hamburg 2008, S. 55.

79 Karl Lauterbach: Der Zweiklassenstaat. Wie die Privilegierten Deutschland ruinieren. Berlin 2007, S. 31.

80 Ebenda, S. 179.

81 Richard Hauser: Wird unsere Einkommensverteilung immer ungleicher? In: Diether Döring (Hg.): Sozialstaat in der Globalisierung. Frankfurt/M. 1999, S. 99.

82 Markus Marterbauer: Wem gehört der Wohlstand? Perspektiven für eine neue österreichische Wirtschaftspolitik. Wien 2007, S. 93 f.

83 Honderich, Das Elend des Konservativismus, S. 108.

84 Norberto Bobbio: Rechts und Links. Gründe und Bedeutungen einer politischen Unterscheidung. Berlin 1994, S. 83.

85 Ebenda, S. 78 f.

86 Ebenda, S. 90.

87 Zitiert nach Anthony Giddens: The Third Way and its Critics. Cambridge 2000, S. 91.

88 Angelika Krebs (Hg.): Gleichheit oder Gerechtigkeit. Frankfurt/M. 2000, S. 27.

89 Robert Castel: Die Stärkung des Sozialen. Leben im neuen Wohlfahrtsstaat. Hamburg 2005, S. 125.

90 Robert Castel: Die Metamorphosen der sozialen Frage. Eine Chronik der Lohnarbeit. Konstanz 2000, S. 344.

91 Ebenda, S. 411.

92 Philip Green: Equality and Democracy. New York 1999, S. 90.

93 Zitiert nach Krugman, Nach Bush, S. 71.

94 Siehe hierzu Bernd Ladwig: Gerechtigkeit und Verantwortung. Liberale Gleichheit für autonome Personen. Berlin 2000, S. 206.

95 John Kenneth Galbraight: Die solidarische Gesellschaft. Plädoyer für eine moderne soziale Marktwirtschaft. Hamburg 1998, S. 14.

96 Karl Marx: Manifest der kommunistischen Partei. In: Karl Marx: Ausgewählte Werke. Berlin 1970, Band I, S. 419.

97 Annette Schäfer: Die Kraft der schöpferischen Zerstörung. Joseph A. Schumpeter. Die Biographie. Frankfurt/M. 2008, S. 59 f.

98 Jospeh A. Schumpeter: Beiträge zur Sozialökonomik. Wien 1987, S. 186.

99 Ebenda, S. 186.

100 Ebenda, S. 149.

101 Joseph A. Schumpeter: Kapitalismus, Sozialismus und Demokratie. Tübingen 1993, S. 215.

102 Ebenda, S. 138.

103 Schäfer, Die Kraft der schöpferischen Zerstörung, S. 74.

104 Zitiert nach Sassoon: One Hundred Years of Socialism. The West European Left in the Twentieth Century. London 1997, S. 560.

105 Thomas Assheuer: In den Stahlgewittern des Kapitalismus. In: Die Zeit, 10. 3. 2005.

106 John Maynard Keynes: The General Theory of Employment, Interest and Money. Cambridge 1973, S. 383.

107 John Maynard Keynes: On Air. Der Weltökonom am Mikrofon der BBC. Hamburg 2008, S. 72.

108 John Maynard Keynes: The End of Laissez-faire. In: Essays in Persuasion. New York / London 1963, S. 312.

109 Keynes, The General Theory, S. 32 f.

110 Keynes, The End of Laissez-faire, S. 317.

111 Kurt W. Rothschild: Hat uns Keynes heute noch etwas zu sagen? In: Jörg Bibow, Laszlo Goerke (Hg.): John Maynard Keynes – Ein moderner Klassiker? Sonderband zum 60. Jubiläum der General Theory of Employment, Interest and Money. Homo Oeconomicus XIII (3), München 1996, S. 357.

112 Jörg Bibow, Laszlo Goerke: Ökonomische Theorie und Wirtschaftspolitik im Lichte der General Theory von John Maynard Keynes. In: ebenda, S. 307.

113 Keynes, On Air, S. 80.

114 Ebenda, S. 100.

115 Rickens, Die neuen Spießer, S. 83.

116 Diedrich Diederichsen: Juckreiz der Globalisierung. In: Süddeutsche Zeitung, 21. 10. 2005.

117 Thomas E. Schmidt: Die neue Bürgerlichkeit. In: Die Zeit, 11. 4. 2002.

118 Clemens Krümmel, Aram Lintzel: Eine neokonservative Warenkunde. Eine Gesprächsrunde mit Ekkehard Ehlers, Andreas Fanizadeh, Judith Hopf, Rahel Jaeggi, Tobias Rapp. Moderiert von Clemens Krümmel und Aram Lintzel. In: Texte zur Kunst, Heft 55, September 2004.

119 Zitiert nach von Lucke, 68 oder neues Biedermeier, S. 70.

120 Henryk M. Broder: Hurra, wir kapitulieren! Von der Lust am Einknicken. Berlin 2006, S. 55.

121 Richard Wagner: Es reicht! Gegen den Ausverkauf unserer Werte. Berlin 2008, S. 66.

122 Ebenda, S. 120.

123 Ebenda, S. 58.

124 Broder, Hurra, wir kapitulieren!, S. 24.

125 George Lakoff, Elisabeth Wehling: Auf leisen Sohlen ins Gehirn. Politische Sprache und ihre heimliche Macht. Heidelberg 2008, S. 41.

126 George Lakoff: Don't Think of an Elephant! Know Your Values and Frame the Debate. The Essential Guide for Progressives. Vermont 2004, S. 7 f.

127 Lakoff, Wehling, Auf leisen Sohlen ins Gehirn, S. 41.

128 Lakoff, Don't Think of an Elephant!, S. 7 f.

129 Lakoff, Wehling, Auf leisen Sohlen ins Gehirn, S. 43.

130 Lakoff, Don't Think of an Elephant!, S. 7 f.

131 Lakoff, Auf leisen Sohlen ins Gehirn, S. 50.

132 http://www.heise.de/tp/r4/html/result.xhtml?url=/tp/r4/artikel/15/15432/1.html&words=Neokonservativen&T=nekkonservativen

133 http://www.spiegel.de/wissenschaft/mensch/0,1518,145388,00.html

134 Lauterbach, Der Zweiklassenstaat, S. 51.

135 Ebenda, S. 176.

136 Ebenda, S. 190.

137 Gösta Esping-Andersen: Warum wir einen neuen Wohlfahrtsstaat brauchen. Vortrag am Kreisky-Forum für Internationalen Dialog, 23. November 2006. http://www.kreisky.org/kreiskyforum/pdfs/2006/200

»Man muss sich die Kunden des Aufbau-Verlages als glückliche Menschen vorstellen.«

S ÜDDEUTSCHE Z EITUNG

Das Kundenmagazin des Aufbau Verlags finden Sie kostenlos in Ihrer Buchhandlung und als Download unter www.aufbau-verlag.de. Abonnieren Sie auch on-line unseren kostenlosen Newsletter.

Robert Misik
Genial dagegen
Kritisches Denken von Marx bis Michael Moore
200 Seiten
ISBN 978-3-7466-7058-4

Gesellschaftskritik ist hip

Robert Misik verdeutlicht mit Witz, Ironie und Überzeugungskraft,
warum es in der Entertainment-Ära so schwierig ist, auf kluge Weise
links zu sein. Und warum Linkssein doch die einzige Weise ist, klug
zu sein. Wer heute was Rebellisches tut, produziert oft gleich einen
Trend. Attac ist so populär wie Greenpeace, Michael Moore findet
ein Millionenpublikum. Das Theater entdeckt die Entfremdung und
die Pop-Musik den Protestsound. Robert Misik zeigt: Die neue
linke Welle ist das Symptom der Sehnsucht nach starken politischen
Alternativen. Er setzt sich mit bekannten Gesten des Aufbegehrens,
mit Umbruchssehnsüchten und linken Mythen auseinander und por-
trätiert schillernde Figuren der Szene.

Mehr von Robert Misik (Auswahl)
Marx für Eilige. AtV 7058

Mehr Informationen erhalten Sie unter
www.aufbau-verlag.de oder in Ihrer Buchhandlung

aufbau taschenbuch

Richard Wagner
Es reicht
Gegen den Ausverkauf unserer Werte
163 Seiten. Gebunden
ISBN 978-3-351-02673-8

Ist das Abendland noch zu retten?

Provokante Thesen: Aus dem christlichen Abendland, dem Kontinent der Aufklärung, ist McAbendland geworden. Darin wird Columbus zu Popeye, das Lexikon verwandelt sich in Wikipedia und aus Ethos wird Popcorn. Die kulturellen Werte der europäischen Gesellschaft sieht Wagner gefährdet durch den unkritischen Umgang mit der Erlebnisgesellschaft, der islamischen Einwanderung und der 68er Ideologie. Fehlen uns die Fähigkeit und der Wille, Europas Werte und seine Freiheit zu verteidigen? Dieses pointierte und streitbare Buch will zurückführen zu unseren europäischen Wurzeln. Es handelt von dem, was es zu verteidigen gilt: Freiheit, Gleichheit, Brüderlichkeit.

»Ein Autor, den Sie unbedingt entdecken sollten.« Elke Heidenreich

Weitere Titel (Auswahl):
Das reiche Mädchen. AV 978-3-351-03226-5
Der deutsche Horizont. AV 978-3-351-02628-8

Mehr Informationen erhalten Sie unter
www.aufbau-verlag.de oder in Ihrer Buchhandlung